CÓMO AFRONTAR LOS
CAMBIOS
INESPERADOS

CÓMO AFRONTAR LOS
CAMBIOS
INESPERADOS

Reinvéntate ante las adversidades

M. J. Ryan

AUTORA DE Attitudes of Gratitude

TALLER DEL ÉXITO

Cómo afrontar los cambios inesperados

Publicado por:
Taller del Éxito, Inc.
1669 N.W. 144 Terrace, Suite 210
Sunrise, Florida 33323
Estados Unidos
Editorial dedicada a la difusión de libros y audiolibros de desarrollo personal,
crecimiento personal, liderazgo y motivación.

Diagramación: Carla Bórquez Carrillo
Diseño de carátula: Gabriela Tortoledo

ISBN 10: 1-60-7383-39-X
ISBN 13: 978-1-60738-339-0

Printed in the United States of America
Impreso en Estados Unidos

17 18 19 20 21 R|UH 06 05 04 03 02

El cambio, cuando llega, hace que todo se rompa
—Dorothy Allison

ÍNDICE

I BIENVENIDO A LA "PERMANENTE AGUA
TURBULENTA"   11

II SIETE VERDADES SOBRE EL CAMBIO   27

III LAS ACCIONES DE UN MAESTRO DEL CAMBIO   59

    PASO 1: ACEPTA EL CAMBIO   61

    PASO 2: EXPANDE TUS OPCIONES   141

    PASO 3: ACTÚA   197

    PASO 4: FORTALECE LA ADAPTABILIDAD   257

IV VEINTE CONSEJOS RÁPIDOS PARA SOBREVIVIR
AL CAMBIO QUE NUNCA ESPERASTE   267

    SOBRE LA AUTORA   275

I

BIENVENIDO A LA "PERMANENTE AGUA TURBULENTA"

No es la especie más fuerte la que sobrevive ni la más inteligente, sino la que mejor responde al cambio
—Charles Darwin

ESTOS SON TIEMPOS DIFÍCILES. Si estás leyendo esto, lo más probable es que estés enfrentando un cambio que no esperaste, quizá la pérdida de un trabajo. O algún sueño. Puede que debas aprender a trabajar de formas novedosas o hallar un lugar donde vivir. Lo siento si no es fácil. Espero que, a través de estas páginas, encuentres el apoyo y las prácticas que necesitas para subirte con éxito a la ola de este cambio, sea cual sea.

Encuentra consuelo en saber que no estás solo. En mi trabajo como "pareja de pensamiento", paso mucho tiempo hablando con personas de todo tipo, desde el director ejecutivo de una empresa conjunta en Arabia Saudita hasta una madre ama de casa que necesita entrar en el mundo laboral. A mi manera de ver, ya sea que la gente ande buscando un trabajo o financiación para empezar un negocio, tratando de seguir siendo relevante a la edad de sesenta años en una gran corporación, lidiando con ahorros perdidos, sobrellevando un pesado trabajo nuevo que tiene cien reportes directos, esforzándose por obtener donaciones para una entidad sin ánimo de lucro o temerosos de perder su vivienda debido al desempleo, las personas de todas las edades y caminos de vida están luchando por hacerle frente a los vastos cambios que ocurren hoy en día en cada rincón del mundo.

Veamos, por ejemplo, la industria editorial, donde he pasado treinta años, primero como editora de un periódico semanal, luego como editora de una revista mensual, editora de libros y, ahora, durante los últimos siete años, como autora. Ninguna de las compañías para las que he trabajado sigue existiendo. Tampoco los distribuidores. Uno de mis más queridos amigos, uno de los principales redactores del *Washington Post*, acaba de ser cambiado por alguien más, porque al periódico no le alcanza para pagar talento de primera clase; incluso, los más prestigiosos diarios se están ahogando en tinta roja. La manera en que ahora creamos, distribuimos, comercializamos y promovemos productos mediáticos es por completo distinta de lo que era incluso hace unos pocos años. En realidad, no tenemos idea hacia dónde se dirige. Phil Bronstein, saliente editor del diario *San Francisco Chronicle*, declaró recientemente: "Cualquiera persona que diga ser capaz de predecir cómo serán las cosas en diez años está bajo los efectos de alguna droga".

Y ese es solo un lado del amplio panorama en evolución. En el 2006, el experto en creatividad Ken Robinson afirmó en su conferencia de TED (Tecnología, Entretenimiento, Diseño): "No tenemos idea de lo que va a ocurrir en el futuro. Nadie siquiera tiene la menor idea de cómo será el mundo en cinco años".

La única cosa de la que cualquiera de nosotros puede tener certeza es que la vida seguirá cambiando a paso veloz, pues el mundo se ha vuelto más complejo e interdependiente. El consultor organizacional Peter Vail le llama a esto "permanente agua turbulenta", haciendo referencia a un tiempo de continúa incertidumbre y agitación. No podemos ver con exactitud hacia dónde se dirigen estos cambios o en dónde se encuentran las rocas sumergidas; sin embargo, cuando somos arrojados fuera del barco, queremos asegurarnos de nadar, no de ahogarnos. Los balseros experimentados saben que en algún punto van a volcarse. La diferencia entre ellos y el resto de nosotros es que los primeros están preparados para ser derribados y volver a reponerse rápidamente. Ellos saben que vendrá el agua turbulenta. Y nosotros también debemos esperarla.

¿Alguna vez te has topado con esa lista de tipos de "estrés de vida" en la cual se califican cambios como mudarse, muerte de un esposo o esposa, casarse, etc.? Los que crearon esa lista en los sesentas estiman que la vida ahora es un 44% más estresante que hace cincuenta años, e hicieron esta estimación —no tengo idea cómo— antes de la crisis mundial del 2008. ¡No creo estar segura de que queramos conocer el nuevo número!

Nos vemos rodeados de aguas desconocidas. ¿Cómo lidias con la caída en los negocios de tu empresa de baldosas debido a la implosión de la industria de vivienda, como me lo estaba contando ayer un conocido? ¿O qué debe hacer mi cliente de veintitrés años al no poder ir en auto al trabajo porque no puede pagar el precio de la gasolina con la miseria que gana en su maravilloso empleo de servicio social? ¿Qué debe hacer el amigo de mi marido de 55 años ahora que su trabajo se ha vuelto obsoleto porque la gente ya no está comprando discos compactos debido a la proliferación de música descargable? ¿Qué debe hacer una amiga mía de sesenta años al tener su casa casi perdida? ¿Qué debe hacer un dentista que conozco con la inmensa deuda que carga por pagar un tratamiento de rehabilitación para su hijo? ¿Cuál es la situación más estable? El empleo que mi cliente ha tenido durante quince años en una compañía que acaba de ser vendida a un conglomerado y está experimentando una reducción de gastos o la oportunidad de trabajar en un negocio que apenas comienza, con aparentes mayores riesgos y recompensas.

Cuando la gente me presenta tales dilemas, no pretendo conocer las respuestas. No leo una bola de cristal. Tampoco comprendo cada tendencia en la industria o la manera en que una compañía debe estar posicionándose. Lo que hoy en día hago bastante, y lo que también puedo ayudarte a hacer, es a desarrollar las mentalidades necesarias y las acciones para adaptarte bien a cualquier cambio que se atraviese en tu camino. Saber que necesitas cambiar, incluso querer hacerlo, no basta. Sin reprogramar tu manera de pensar y saber qué acciones llevar a cabo, todo lo que tienes son deseos y antojos y, con frecuencia, estancamientos. Quiero ayudarte a *verdaderamente desarrollar la habilidad de adaptarte*, y así ponerte al día con las actitudes y habilidades necesarias para realizar los cambios que la vida y el trabajo requieren.

¿Por qué hago tanto énfasis en esto? Porque la habilidad de adaptarse es, hasta donde puedo decir, el indicador clave del éxito en estos tiempos turbulentos. Es la capacidad de ser flexible y recursivo en la fase de condiciones en permanente cambio, de responder de una manera resiliente y productiva cuando se requiere un cambio. Otra palabra para nombrar esto es *agilidad*. En una reciente encuesta encuesta realizada por la empresa consultora McKinsey, 89% de los más de 1.500 ejecutivos encuestados a nivel mundial clasificaron la agilidad como muy o extremadamente importante para el éxito de su negocio. El 91% afirmó que se ha vuelto más importante durante los últimos años.

De acuerdo con el diccionario *Webster's*, ágil significa: "La habilidad de moverse con una gracia fácil; tener un carácter rápido, recursivo y adaptable". Pero *Webster's* está un tanto mal, diría yo. No creo que tenga nada que ver con carácter. Es solo que algunos de nosotros ya sabemos adaptarnos con facilidad. El resto de nosotros debe aprender con rapidez. De lo contrario, acabará por perder su tiempo, quejándose o retorciéndose de miedo al verse enfrentado al cambio.

Los maestros de Aikido dicen que, para tener éxito en la vida, se requieren tres tipos de maestrías: maestría con uno mismo, lo cual implica entender nuestros sentimientos y pensamientos y cómo regularlos y dirigirlos; maestría con los otros, que implica ser capaz de crear entendimiento compartido y acción compartida; y maestría con el cambio, que implica tener la capacidad de adaptarse fácilmente sin perder nuestro centro, nuestros valores, talentos y propósitos. Este libro se enfoca en lo tercero, aunque la maestría con el cambio requiere a la vez de una cierta cantidad de maestría con uno mismo. Mi intención es que, a medida que enfrentes los cambios que la vida ponga en tu camino, con la ayuda de lo que aquí aprendas, te conviertas en un maestro del cambio, un experto en subirte a las monstruosas olas del cambio.

Esta maestría empieza entendiendo el proceso de la AdaptAbilidad. Las conversaciones con mis colegas Esther Laspisa y Dawna Markova me han ayudado a entender que el proceso es así:

Llevamos a cabo este proceso de forma natural cuando un cambio es pequeño. Digamos que tienes planes de salir a cenar con una amiga y ella llama a último minuto a cancelar. Piensas para ti mismo: *Bueno, eso ya no va más (aceptar), ¿qué otra cosa podría hacer esta tarde (expandir)?* Luego vas y lo haces (actuar).

Cuando los cambios son grandes, dolorosos, confusos o irrumpen en tus sueños y esperanzas, es cuando se hace difícil ver que hay un proceso en curso. Tener conciencia de ese proceso puede ayudarnos a no quedarnos varados en el camino, sufriendo innecesariamente y perdiendo tiempo precioso, pues en estos días no solo se nos pide adaptación, sino hacerlo de forma veloz. Lo que diferencia a los maestros del cambio que yo conozco de las demás personas es la velocidad con que pueden atravesar por ese proceso: *Okey, ya pasó eso, ¿ahora qué?* Esperan volver al ruedo y son capaces de ver las oportunidades que cambian el presente. Por fortuna, una vez seas consciente de la manera en que este proceso funciona, tú también podrás enfrentar futuros cambios con mayor confianza y rapidez en lugar de quedarte atorado en las rocas de la negación, la ira y la impotencia. ¿Buscas un mayor incentivo para aprender AdaptAbilidad? Expertos en medicina cuerpo-mente han demostrado que las personas que dominan la adaptación viven vidas más largas y saludables. ¿Por qué? Porque equilibran las hormonas del estrés que desgastan nuestros cuerpos con actitudes y comportamientos positivos que liberan hormonas de bienestar y restauran el equilibrio de nuestras células, órganos y tejidos. Es por esto que muchos expertos de la salud definen la salud misma como adaptabilidad. Y esas actitudes y comportamientos positivos están en el corazón mismo de este libro.

Para ayudar a que te adaptes con gracia, empezaré con "Siete verdades sobre el cambio" que te enseñan que el cambio es inevitable y explican por qué puede ser un desafío tan grande. El resto del libro te lleva por el proceso de AdaptAbilidad arriba delineado —"Acepta el cambio", "Expande tus opciones", "Actúa"—, que se trata de advertir lo que has aprendido y de retenerlo para así ponerlo en práctica cuando sea necesario, algo que por supuesto harás, porque adaptarse a la vida es un proceso que nunca termina.

Puede que estés en una u otra de esas fases al empezar este libro. Como siempre digo, lleva a cabo las prácticas y sigue el consejo que te resulte más útil. Cada quien es distinto, se enfrenta a desafíos únicos y necesita de un tipo de apoyo diferente. Para lo que sea que estés enfrentando, quiero animarte a utilizar este libro como un salvavidas, como algo que te permita un mejor entendimiento para navegar los rumbos por los que el cambio te llevará.

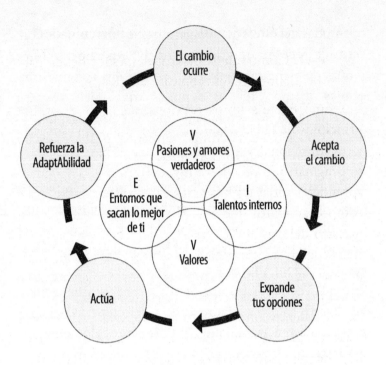

El proceso de AdaptAbilidad

A medida que avances en este viaje, aprenderás lo siguiente:

- Las reacciones físicas y emocionales que tiene nuestro cuerpo al cambio

- Las cualidades mentales y emocionales de un maestro del cambio

- Por qué cuidar de uno mismo es crucial

- Cómo vivir con la incertidumbre y responder a ella de una manera tan positiva y saludable como sea posible

- Cómo identificar nuevas oportunidades
- Cómo valerse de lo que está sucediendo para alinearte más con tus talentos y valores

Como en mis libros previos, este libro incorpora principios de la ciencia del cerebro, psicología positiva y organizacional, espiritualidad y mi propio y novedoso pragmatismo de Nueva Inglaterra. En estas páginas, aprenderás todas las herramientas, técnicas, actitudes y comportamientos que conozco para convertirse en un maestro del cambio. Ofreceré muchos ejemplos de mi trabajo con Parejas de Pensamiento Profesional (PTP por sus siglas en inglés: *Professional Thinking Partners*), una firma que ayuda a las personas a reconocer y desarrollar sus talentos únicos y a emplearlos para potenciar al máximo el éxito individual y la colaboración a los demás. PTP ha trabajado con decenas de miles de individuos en docenas de compañías grandes, pequeñas, sin ánimo de lucro y gubernamentales alrededor del mundo. Conocerás a la consultora principal de PTP, Dawna Markova, Ph.D, quien me ha enseñado muchos de los enfoques y técnicas que aquí hallarás. También conocerás a muchos de mis clientes y amigos (aunque disfrazados para proteger su confidencialidad, a menos que use su nombre completo), personas como tú, lidiando con los desafíos de la vida mientras evoluciona tan rápidamente.

A medida que enfrentamos las realidades de hoy en día e intentamos adaptarnos, no es raro que necesitemos un apoyo. ¿Quién de nosotros ha tomado una clase sobre cómo lidiar con el cambio? En el pasado, los cambios ocurrían más lentamente y nuestra necesidad de adaptarnos era mucho, mucho menor. He aquí un solo ejemplo de la aceleración del cambio: empezando en el año 1 d.C, tuvieron que pasar 1.500 años para que la cantidad de información en el mundo se duplicara. Ahora eso ocurre una vez cada veinte años. ¡Con razón nos vemos en dificultades para estar al día!

Lo que resulta confuso sobre esta ausencia de entrenamiento en AdaptAbilidad es que todas las compañías saben que la capacidad de cambio de sus empleados es uno de los factores clave en el éxito empresarial. Por ejemplo, de acuerdo con el Strategic Management Research Center (Centro de Investigación en Gestión Estratégica), la tasa de fracaso de fusiones y adquisiciones llega a alcanzar el 60 y 70% ¿Por qué? No porque no sea una buena idea reunir a dos organizaciones para crear eficiencias y sinergias, sino porque las personas que están allí no logran adaptarse al cambio de circunstancias. Apenas ayer estaba hablando con una mujer de una gran compañía petrolera que fue parte de un esfuerzo para crear un proceso estandarizado de recopilación de información en todos los departamentos. Se fue de allí para trabajar en otro proyecto y descubrió que, un año y dos millones de dólares después, su esfuerzo había fracasado. ¿Por qué? Porque los empleados seguían utilizando el mismo sistema de antes en lugar de aprender uno nuevo.

Con todo, los ejemplos de la falta de habilidad de cambio no tienen que ser tan costosos y dramáticos. Ocurren a diario justo donde vives y trabajas. Diría que, al menos, la mitad de las personas a quienes aconsejo cada semana está buscando ayuda para adaptarse a nuevas posiciones o circunstancias en las cuales deben conducir los resultados hacia un lugar distinto al de antes. Los comportamientos que las han llevado a donde están hoy en día simplemente ya no funcionan. Todas estas personas tienen un empleo; aquellas que no, necesitan de un apoyo aún mayor para aprender nuevas habilidades y actitudes.

Resistirse al cambio desgasta nuestros cuerpos, agrava nuestras mentes y desinfla nuestros espíritus. Seguimos haciendo las cosas que antes funcionaban, obteniendo resultados cada vez más bajos. Gastamos energía preciosa buscando alguien a quien culpar: nosotros mismos, otra persona o el mundo. Nos preocupamos obsesivamente. Nos quedamos estancados en el pasado, perdidos en la amargura o la ira. O caemos en la negación: *Todo está bien, no debo hacer nada de una manera diferente.* O en pensamientos mágicos: *Alguien o algo va a venir a rescatarme de tener que cambiar.* No queremos dejar la acogedora comodidad de lo conocido y familiar por la miedosa jungla de lo que nunca hemos experimentado. Así, nos aferramos a eso y permanecemos estancados.

Cuando el entorno cambia y, por lo tanto, también debemos hacerlo nosotros, es apropiado protestar; en palabras de la Dr. Panela Peeke, molestar, quejarse e insistir. Sin embargo, muy pronto será hora de guardar todo eso y ponerse serio, lo cual quiere decir desarrollar AdaptAbilidad.

De una manera muy real, lo que se nos pide no es más ni menos que estar conscientemente alineados con lo que la vida siempre ha requerido en este planeta. En 1956, el padre de la investigación en estrés, Hans Selye, escribió en su trabajo principal *La tensión en la vida*: "La vida es en gran medida un proceso de adaptación a las circunstancias en las que existimos. Un perenne dar y recibir ha estado sucediendo entre la materia viva y su entorno inanimado, entre un ser vivo y otro, desde los albores de la vida en los océanos prehistóricos. El secreto de la salud y la felicidad está en ajustarse con éxito a las condiciones siempre cambiantes de este mundo; las sanciones por incumplimiento en este gran proceso de adaptación son la enfermedad y la infelicidad".

Mi objetivo es ofrecerte una manera de entrar en relación con el cambio que estamos enfrentando, con el menor desgaste y mayor potencial, no solo para sobrevivir, sino para prosperar durante el período más grande de transformación que alguna vez hayan experimentado los seres humanos. Todos estamos siendo llamados a abrir nuestras mentes emocional y espiritualmente hacia el futuro. Mi esperanza es que este libro te ofrezca tanto comodidad como apoyo práctico a medida que asumas este reto, y que lo que aquí aprendas te ayude a convertirte en un maestro del cambio.

LISTADO DE DIEZ LUGARES DONDE PERDERSE EN EL CAMBIO

1- Quedarse atascado en la negación

2- Permanecer paralizado por el miedo o la vergüenza

3- Perder mucho tiempo y energía en la culpa o el remordimiento

4- Creer que no hay nada que puedas hacer al respecto

5- Enfocarse en el problema y no en la solución

6- Emplear soluciones que solo han funcionado en el pasado para resolver problemas nuevos

7- Hallarle un 'pero' a todas las opciones

8- No contactarte con aquello que te da sentido e intencionalidad

9- Hacerlo solo

10- Resistirse o negarse a aprender cosas nuevas porque ello implica mucho esfuerzo adicional

No te preocupes. En este libro aprenderás a evitar estas zonas de peligro y mantenerte positivamente enfocado en ir hacia adelante.

II

SIETE VERDADES SOBRE EL CAMBIO

Si vivimos en un universo cambiante, ¿por qué los humanos se oponen al cambio? Si hay una roca en el camino, la raíz del árbol cambiará su dirección... Incluso una rata cambiará su táctica para llegar a un trozo de queso

—**Melvin B. Tolson**

AQUÍ APRENDERÁS LOS fundamentos de la Adaptabilidad que te mantendrán en buen estado sin importar la ola que venga hacia ti. Entender esto te ayudará a aceptar la necesidad de adaptación y a tener a tu cerebro de tu lado (o, más precisamente, a las dos partes de tu cerebro que se ven involucradas en el cambio). Con estas verdades en tu bolsillo de atrás, vas en buen camino a navegar las monstruosas olas del cambio.

VERDAD SOBRE EL CAMBIO # 1

El cambio es la única cosa de la que puedes estar seguro

Solo en el crecimiento... y en el cambio, paradójicamente, puede hallarse la verdadera seguridad
—Anne Morrow Lindbergh

Christopher Hildreth posee un negocio de instalación de suelos de madera de alta gama. Durante el auge de la refinanciación en esta década, su negocio creció hasta los cuatro millones de dólares. A medida que la economía se ha desacelerado, la demanda de sus productos ha disminuido. La competencia está ofreciendo precios mucho más bajos y los clientes tienen mucho menos dinero extra para elegir la opción de alta gama, si es que les alcanza para pagar un piso nuevo. Este desarrollo le ha tomado a él totalmente por sorpresa. En una entrevista con el *San Francisco Chronicle*, dice: "Pensé que la cosa seguiría así y que yo solo haría mis estimaciones y el teléfono seguiría sonando... Pensé que quizá ahora mismo estaría en la cima de la ola".

Esta respuesta contrasta con la de mi cliente Al. Cuando le pregunté a él, el director ejecutivo de una compañía de desarrollo de bienes raíces en Las Vegas, cómo le estaba yendo con la recesión, me confesó: "Sabía que el auge de los bienes raíces no podía seguir para siempre. Así que cree un fondo para las vacas flacas. No solo lo estoy utilizando para soportar la marea, sino para comprar a otros desarrolladores con problemas en la ciudad".

Hombre sabio, Al. Él intuyó que solo hay una cosa certera en la vida: que las cosas cambian. Cómo y cuándo, no lo sabemos. Pero que todo lo hará, está absolutamente garantizado. Buda le llamó a esta toma de conciencia la "primera noble verdad": el hecho de que todo en la vida es temporal. Él enseñaba que luchar contra esa verdad solo nos trae sufrimiento, pues equivale a pelear contra la realidad. Aceptar esa verdad disminuye nuestro sufrimiento, pues así nos alineamos con lo que es la vida. Cuando aceptamos que lo único constante es el cambio, no nos llevamos una sorpresa tan grande cuando el cambio ocurre. Al día le sigue la noche; al verano, el invierno; la luna crece y mengua. El cambio pasa.

Me identifico con Christopher Hilderth, porque yo también aprendí esta lección por las malas. Subida en la ola de un par de *bestsellers* como editora de libros, continué expandiendo mi compañía y acababa de comprar una casa grande cuando los resultados en la industria se vinieron abajo, dejando un déficit del cual la compañía no pudo recuperarse. No importó cuántas predicciones de futuras ventas hicimos con base en ventas pasadas, estaban mal, porque toda la industria estaba atravesando por un gran cambio en las reglas del juego. Ahora desearía no haber hecho planes pensando en que el auge duraría por siempre. Me habría ahorrado bastantes noches en vela.

Aunque muchos de nosotros no podemos saber cómo y cuándo llegará el cambio, al menos podemos tener presente el simple de hecho de que lo hará (y a un paso más rápido que ningún otro en la historia de la humanidad). Nuestro trabajo y vida personal cambiará —seguro— y debemos estar listos con las actitudes y acciones apropiadas para que, como Al, minimicemos los impactos negativos y aprovechemos al máximo las oportunidades. Cuando estamos conscientes del cambio, podemos advertir las señales más temprano y así estar preparados para la ola. Esto nos proporciona una clara ventaja a la hora de responder.

LA VENTAJA DE LA ADAPTABILIDAD

"Cuando la compañía para la que trabajaba se unió con otra", dijo Miguel, "de repente tuvimos un nuevo presidente. Hasta ese entonces, nuestra empresa era conducida como un negocio de familia —de forma muy casual— y la gente permanecía allí durante años por su lealtad. Esta nueva persona —que era muy, muy aguda tanto en su mente como en su estilo— llegó y, de repente, nos vimos enfrentados a demandas de una cultura corporativa bastante distinta. Éramos responsables por nuestras líneas de fondo trimestrales y se esperaba que atendiéramos con mayor frecuencia eventos de la industria para "ondear la bandera de la empresa". Aquellos que veían las olas del cambio en elementos sutiles como la apariencia se adaptaron con rapidez. No más jeans, no más leggins, no más tenis. Aque llos que se ajustaron sobrevivieron a la fusión. Aquellos que no, como un tipo que se negaba a usar una corbata, se perdieron en el torrente".

VERDAD SOBRE EL CAMBIO # 2

No es nada personal

Cuando escucho al alguien suspirar "la vida es dura",
siempre me dan ganas de preguntarle: "
¿Comparada con qué?"
—Sydney J. Harris

Mi teléfono sonó. Era un reconocido conferencista y autor que quería trabajar conmigo. Llamémosle Sam. "Durante los últimos años he notado", dijo, "que las cosas están cambiando. Mis ganancias como conferencista han estado bajando y mis ventas de libros también. Cada vez más, pocas personas asisten a talleres. Hay giros que se están dando y necesito reposicionarme en relación con ellos para poder seguir viviendo. ¿Me ayudarías con eso?".

De inmediato dije que sí, porque Sam entendió algo crucial sobre el cambio que le ayudará a no perder tiempo o preciosa energía emocional: no es nada personal. No se culpó a sí mismo por lo que estaba pasando. Tan solo lo advirtió y entendió que debía responder de una manera novedosa.

Lo que ahora mismo nos está pasando a muchos de nosotros no es que seamos malos o incompetentes o estemos equivocados. Lo que pasa es que el mundo se está transformando a una velocidad descomunal y todos los días cada uno de nosotros debe adaptarse a esos cambios tan rápida y eficientemente como sea posible. Nadie está exento. La edad no te exime de eso (Sam está en sus sesenta, pero no le oyes decir que "debería" poder dormirse en sus laureles hasta el retiro). Tampoco te libera lo fuerte que hayas trabajado hasta ahora, las expectativas que has tenido de tu vida ni lo que has sacrificado o invertido. ¡Lo que está sucediendo no tiene nada que ver contigo personalmente!

Despersonalizar el reto de cambio que estás enfrentando te saca de la sensación de fracaso y libera tu pensamiento para adaptarte al máximo, como es el caso de Sam. Recuerdo el día en que aprendí esto. Fui a escuchar a Meg Wheatley, autora de *El liderazgo y la nueva ciencia*. Ella es una experta en tomar lo entendido del mundo de la física cuántica y la ecología y aplicarlo a los negocios. No es ninguna novata; uno de sus principales clientes es el Ejército de los Estados Unidos. Hablaba sobre el hecho de que seguimos estando atascados en un modelo mecánico del universo donde pensamos que podemos hacer planes a cinco años para nosotros mismos y nuestras organizaciones, lo cual está, por entero, en discordancia con la manera en que funcionan los seres vivos. Recuerdo que dijo algo como: "La manera en que ocurre la vida es que las cosas se estrellan unas con otras en un entorno rico en información y así se da el cambio".

Algunas cosas prosperan y otras se extinguen. Piensa en un acuario con una buena cantidad de peces. A todos les va bien. Luego pones allí algo distinto y todo el ecosistema cambia. Algunos peces sobreviven y otros mueren como resultado de lo que ingresó".

En ese momento, yo me encontraba luchando con las preocupaciones financieras de mi casa editorial y estaba segura de estar haciendo algo mal. Quizá lo estaba haciendo, pero toda mi atención estaba enfocada en mi "fracaso", lo cual no me estaba ayudando a pensar en nuevas soluciones. Meg me ayudó a ver que yo era solo uno de los peces en el acuario cuyo ecosistema estaba cambiando.

Una vez empecé a verlo de esa manera, fui capaz de relacionarme con la situación desde una mentalidad más objetiva y adaptable. A medida que analizaba mi forma de responder, se hizo evidente que no estaba interesada en hacer los cambios necesarios para sobrevivir en el acuario y, por eso, vendí mi compañía. Ahora, desde afuera del acuario editorial, veo de una manera aún más clara que aquello que estaba ocurriendo no tenía nada que ver conmigo o mis esfuerzos.

Si la imagen del acuario no funciona para ti, he aquí otra técnica para hacer la situación menos personal. Se llama autodistanciamiento. Esta técnica aprovecha la habilidad que tiene el cerebro para hacer imágenes asociadas (como si algo te estuviera pasando a ti en este momento) e imágenes disociadas (como si algo le estuviera pasando a alguien más). Imagina que estás viendo un video de alguien que está atravesando por la misma situación por la que ahora estás pasando tú. Dale a la persona en el video un nombre y visualízala en su situación. Observa lo que ocurre y pregúntate qué puede estar pasando fuera del control o influencia de esa persona. ¿Qué le aconsejarías a la persona del video?

A una profesora de espiritualidad alguna vez le preguntaron por el secreto de una vida de felicidad y paz mental. Ella respondió: "Una cooperación sin restricciones y de todo corazón con lo inevitable". A eso es a lo que voy. No es tan fácil; aún hoy sigo trabajando en ello y no conozco muchas personas que lo hagan bien. Con todo, sí sé que la única responsabilidad que tenemos, en lo que sea que esté pasando, se encuentra en desarrollar la capacidad de respuesta frente a lo que ocurra. Como dicen los surfistas, debes ir con la corriente. De lo contrario, te encontrarás bajo la tabla más pronto de lo que imaginas.

NO ERES EL ÚNICO

Los expertos en resiliencia han señalado que es importante advertir que no eres el único atravesando este cambio. Eso te ayudará a sentirte menos solo en tu dolor y, por ende, menos estresado. De acuerdo con los estudios, una más amplia perspectiva de la situación —"no soy solo yo"— también motivó a las personas a hallar nuevas soluciones y mejores planes de acción. Así que echa un vistazo a tu alrededor, ¡tienes mucha compañía!

VERDAD SOBRE EL CAMBIO # 3
El pensamiento no siempre es tu amigo

Sin pensamientos hacemos el mundo
—El Dhammapada

¿Cuál fue el factor más común por el cual la gente murió en el huracán Katrina? Apuesto a que pensaste, como lo hice yo y como lo dijeron todos los medios, que fue la pobreza. Sin embargo, un análisis del diario *Knight Ridder*, citado por la reportera de *Time* Amanda Ripley en su libro *The Unthinkable: Who Survives When Disaster Strikes —and Why*, mostró algo diferente: el factor más común fue la edad. A una mayor edad, un mayor chance de quedarse; tres cuartas partes de los muertos tenían más de sesenta años y la mitad más de 75. Todos ellos habían sobrevivido al huracán Camille y, por lo tanto, no siguieron las alertas de desalojar, pues asumieron que de nuevo saldrían ilesos. El director del Centro Nacional de Huracanes, Max Mayfield, dijo: "Creo que el huracán Camille mató a más personas durante Katrina que en 1969".

El cerebro es un órgano sorprendente, con increíbles habilidades sociales, emocionales, conceptuales y lingüísticas. Puede aprender de las experiencias y hacer crecer nuevas células y caminos hasta tu último suspiro. Los neurocientíficos apenas empiezan a entender una fracción de lo que puede hacer y cómo lo hace. Pero no todo lo que hace es útil cuando se trata de responder bien al cambio, como lo descubrieron aquellos que se quedaron en sus casas durante Katrina bajo su propio riesgo. Dos cosas en particular sobresalen de lo que he aprendido de la mente hasta ahora.

En primer lugar, la mente tiene una gran tendencia a habituarse, es decir, hacer las cosas una y otra vez, lo cual es genial cuando no quieres pensar en cómo cepillarte los dientes, pero no tan bueno cuando debes pensar creativamente sobre cómo lidiar con una situación a la que nunca antes te has enfrentado. Es por eso que, con tanta frecuencia, tendemos a seguir haciendo lo que siempre hemos hecho, así obtengamos buenos resultados o no, y nos cuesta dejar de lado antiguos comportamientos.

Adicionalmente, parte del habituarse es la tendencia que tiene la mente de buscar patrones, de combinar la experiencia presente con el pasado: *Oh, esto es tal como aquella cosa que pasó antes.* Una vez leí que el cerebro promedio generaliza a partir de un solo ejemplo, algo que cualquier científico reconocería como un banco de datos insuficiente del cual sacar conclusiones útiles. Eso ocurrió con el huracán Katrina. Las personas que se quedaron fueron aquellas que ya habían soportado un huracán masivo. Sus cerebros les decían: "Esto es lo mismo de la vez anterior", pero no fue así. La degradación ambiental, el calentamiento global y la plena y mala suerte se unieron para hacer un cambio. Personas más jóvenes, que nunca habían tenido la experiencia, atendieron la alerta, porque sus cerebros no tenían ningún patrón al cual haberse habituado.

Existe una razón adaptativa para esta habituación. El cerebro siempre está prendido y consume una parte desproporcionada de la energía del cuerpo. Tan solo corresponde al 3% del peso del cuerpo y, sin embargo, utiliza el 20% de su oxígeno y glucosa. Andar en piloto automático requiere menos trabajo, así que tiene sentido desde un punto de vista de eficiencia.

Cuando el entorno es estable, este piloto automático nos sirve bien. Durante el cambio, debemos luchar contra la tendencia que tiene nuestro cerebro de analizar la situación y ver en ella lo mismo de siempre cuando en realidad está viendo algo nuevo. Los patrones que solía seguir simplemente no están ahí. Por ejemplo, no sabemos qué va a pasar en el mercado de acciones a pesar de los antecedentes, pues estamos en una situación que nunca antes ha ocurrido.

Nassim Nicholas Taleb, autor de *El cisne negro: el impacto de lo altamente improbable*, dice que antes vivíamos en un país que él llama Mediocristán, donde las causas y los efectos estaban estrechamente conectados, pues la vida era más sencilla y el rango de posibles eventos pequeño. Ahora la comunidad global ha ingresado en un país que él llama Extremistán, donde a la vez somos interdependientes y estamos a la merced de "lo singular, lo accidental, lo oculto y lo impredecible" (uno de los beneficios de vivir en Extremistán: incrementa la probabilidad de que una persona pueda hacer una diferencia *positiva*. Piensa en Nelson Mandela, quien inspiró el final del *apartheid* en Sudáfrica; o en Boris Yeltsin enfrentándose a los tanques en la Plaza Roja, lo que derrocó a la Unión Soviética). Desafortunadamente, nuestros cerebros no han podido mantenerse al tanto de esta nueva complejidad y siguen buscando patrones basados en experiencias pasadas, incluso cuando estas no sirven.

Otra cosa acerca del cerebro que debe ser entendida es que compartimos muchas de sus estructuras con otros mamíferos (incluso con algunos reptiles) y, por lo tanto, a veces está programado para actuar de formas que antes eran útiles al estar siendo perseguidos por otros animales, pero que no son apropiadas a los complejos desafíos que hoy enfrentamos. Esta parte de nuestros cerebros, llamada amígdala, está alerta al peligro de manera constante, pero suele dar información imprecisa, haciendo sonar las alarmas innecesariamente.

Aprenderás más cosas sobre las implicaciones de este aspecto estructural de tu cerebro a través del libro. Por ahora, he aquí solo uno, como lo mencionan el psicólogo Rick Hanson y el neurólogo Rick Mendius en un artículo de la revista *Inquiring Mind*: debido a la ventaja que antes implicaba percibir el peligro rápidamente, "el cerebro está programado para detectar lo malo y, cuando inevitablemente halla cosas malas, estas son almacenadas en el acto y se ponen a disposición inmediata. En contraste, las experiencias positivas suelen ser registradas por medio de sistemas de memoria estándar y, entonces, deben vivirse conscientemente durante diez o veinte segundos para que tengan una verdadera permanencia. En suma, tu cerebro es como un velcro para las experiencias negativas y teflón para las positivas... este sesgo natural le da un matiz negativo al mundo e intensifica nuestro estrés y reactividad". En tiempos de cambio, eso es lo último que necesitamos: percibir lo que nos pasa como si fuera un *tsunami* cuando en realidad se trata de una pequeña ola; ignorar lo bueno y enfocarnos solamente en lo malo. Debemos conservar una perspectiva adecuada para poder ser efectivos al lidiar con el cambio.

Entonces, ¿qué debemos hacer con estas tendencias del cerebro que no nos sirven bien durante el cambio? No debemos estar exclusivamente a su merced. La toma de conciencia cuando estamos en uno de estos surcos habituales de pensamiento es el primer paso para hacer una elección diferente. Además, nuestra mente puede hacer mucho más que estos hábitos, y podemos emplear otras de sus sorprendentes capacidades para encontrar las soluciones que necesitamos.

OBSERVA COMO SI SE TRATARA DE LA PRIMERA VEZ

Para evitar caer en surcos de pensamiento en el trabajo, Javier se suele preguntar: "¿Qué pasaría si este fuera un nuevo trabajo en una compañía nueva? ¿Cómo me estaría comportando? ¿Qué estaría haciendo diferente? ¿Qué cosas notaría que ahora doy por sentado? ¿Cómo le explicaría esto a alguien que no tiene idea de lo que se trata?". Estas preguntas le han ayudado a conservar una perspectiva fresca y a cuestionar lo que, de otra manera, simplemente aceptaría. Recientemente le ayudó a encontrar una nueva idea de marketing. Si ver las cosas como la primera vez es algo difícil para ti, habla con nuevos trabajadores de tu organización o con personas que no estén en la misma situación que tú. ¿Qué perciben ellos desde su "mente de principiantes"?

VERDAD SOBRE EL CAMBIO # 4

El cambio no es el enemigo, el miedo sí

*Ahora es el momento de entender más para
poder temer menos*
—Marie Curie

Hace poco conocí a una mujer que me contó una historia que me dejó verdaderamente preocupada. El negocio de jardinería de Jan se había venido abajo, ella estaba viviendo de sus ahorros y le quedaban sus últimos $500 dólares. Una de sus clientas había llamado dejándole saber que había un puesto como recepcionista en la oficina de su marido al que Jan podía aplicar. "Buscaba a alguien que tuviera disposición inmediata", me explicó Jan, "y yo estaba a punto de ir a visitar a unos amigos durante las vacaciones. Así que le dije que vería si el trabajo aún estaba disponible cuando regresara la próxima semana".

Fue necesario emplear toda mi fuerza de voluntad para no gritarle: "¿Estás loca? El desempleo está por las nubes, no tienes ni un centavo a tu nombre, ¿y vas a tomarte unas vacaciones en lugar de aceptar un empleo que te ha sido regalado?". Por fortuna, me pude controlar. Ya había hecho la llamada, así que mi comentario solo la habría hecho sentir terrible. Con todo, no puedo dejar de pensar en eso. ¿Qué podría estar pasando por su cabeza y qué podemos aprender de esto?

Cuando le pregunté cómo se sentía por su situación, Jan admitió estar aterrada. El miedo desencadena la respuesta de huir o pelear. Más precisamente, la respuesta huir, pelear o congelarse. Jan estaba en modo huir, evadiendo el tener que lidiar con su situación de una manera constructiva. Todas las formas de negación son respuestas de huida, pero huir no es la única opción. En situaciones de miedo extremo, se sabe que los animales, incluyendo a los humanos, pueden quedar totalmente paralizados. Por ejemplo, al menos uno de los sobrevivientes de los tiroteos de Virginia Tech dijo haber experimentado esto. Y los comerciantes de Wall Street también se han quedado paralizados en el piso donde opera la bolsa al ver el dinero de sus clientes desaparecer. Es un tipo de estupor que crea un desafortunado círculo de retroalimentación autorreforzada. Las hormonas de estrés que se desencadenan en la respuesta al miedo a través de la amígdala algunas veces pueden incrementar el miedo, haciendo que a otras partes del cerbero les sea mucho más difícil responder. Si el miedo se vuelve lo suficientemente fuerte, la amígdala puede cortar el acceso a otras partes de nuestro cerebro, y perdemos la capacidad de pensar racionalmente.

Los científicos han descubierto que puedes sacar a alguien del estupor que causa el miedo haciendo un ruido fuerte, por lo cual los asistentes de vuelo, por ejemplo, ahora están entrenados para gritarles a las personas y así lograr que se muevan rápido en caso de un accidente.

El otro tipo de respuesta al miedo extremo es pelear; mi configuración personal. Si me siento lo suficientemente asustada, mi ira crece y busco a alguien a quien atacar por "hacerme" sentir como me siento. Otras personas, como Jan, huyen, ya sea literalmente yéndose a otro lugar o haciendo todo lo que esté a su alcance para evitar tener que lidiar con la realidad del cambio.

Así que, ¿cómo puede ayudarte el saber esto? Es verdad que no a todo el mundo le atemoriza el cambio. Algunas personas se sienten realmente eufóricas cuando las cosas se ponen patas arriba. ¡Vamos, vamos!, gritan. La respuesta depende, al menos en parte, de si tiendes a pensar mucho o muy poco de forma innovadora (ve a "¿Cuáles son tus talentos internos?", página 186). Para aquellos de nosotros a quienes nos gusta lo predecible y lo rutinario, los tiempos de gran cambio pueden traer consigo intensos sentimientos de miedo.

Es por esto que resulta crucial reconocer lo que estamos sintiendo y tener estrategias que le hagan frente. El miedo encoge nuestro mundo y limita nuestra habilidad de pensar de forma creativa sobre nuestras escogencias. También nos puede llevar a aislarnos de otros que podrían ayudarnos potencialmente, al igual que a generalizar, a partir de una sola situación, el sentimiento de que le cielo se está cayendo. A medida que avancemos en esto, te ofreceré técnicas para evadir —o al menos minimizar—

la huida, la pelea o la paralización que causa el miedo, para así incrementar tu habilidad de aceptar la situación, expandir nuestras opciones y hacer los ajustes necesarios.

Sé que es posible. Soy una de esas personas que se ha sentido intimidada, más que emocionada, por el cambio. Me siento feliz de decir que, durante la última década, he hecho un gran progreso en aceptar el cambio. He logrado entender que se trata de ser amiga de mi miedo. De hecho, para mi cumpleaños número cincuenta, cuando los antiguos empleados de la mina en Conari Press escribieron un cartel titulado *Cincuenta cosas que aprendimos de M.J. Ryan*, una de esas cincuenta lecciones fue: "El cambio es algo positivo". No estaba segura de haberles enseñado eso, pero ciertamente es una lección que me he esforzado en aprender.

Enfrentémoslo, el cambio no siempre es algo positivo. Sin embargo, el miedo es el verdadero desafío del cambio. Nuestra respuesta a cambios aún más difíciles será más fácil cuando aprendamos a relacionarnos con cualquier miedo que surja.

RECUERDA TUS LOGROS

Aunque esta sea la primera vez que te enfrentas a un cambio grande o ya hayas tenido que hacerlo antes, para ayudarte a no sentir miedo, haz una lista de las cosas que hasta ahora has logrado en tu vida. Esto te recordará que también eres capaz de lidiar con estos desafíos. Cualquier cosa que se te venga a la mente está bien. Esta es la mía: construí un negocio desde ceros, viví con $300 dólares al mes en mis veintes, me he mantenido a mí misma y a mi familia durante los últimos quince años, he viajado sola por el mundo, he hablado frente a miles de personas. Cada vez que sientas miedo, recuerda tus logros; por ejemplo: "Me pagué la universidad, he criado a un niño. Puedo sacar esto adelante también".

VERDAD SOBRE EL CAMBIO # 5

Hay un ciclo emocional previsible en el cambio

El cambio representa el fin del viejo tú.
Puedes mirar atrás, pero no ir atrás
—Robert Hellenga

"No puedo creer que esto me esté pasando", dijo el director ejecutivo del otro lado del teléfono. "Hace muy poco me ofrecieron una extensión y ahora, tres meses después, me despiden. Estoy en *shock*".

Ya sea que estés experimentando una reorganización en tu compañía o malas noticias en tu vida personal, un cambio que no esperaste desata un proceso emocional que, según los expertos, sigue un ciclo previsible. No es sorprendente que este ciclo resulte similar a las cinco etapas del dolor mencionadas por Elisabeth Kübler-Ross: negación, ("Esto no me puede estar pasando"); ira ("¿Cómo es posible que esto me pase? No es justo); negociación ("Haré lo que sea para no tener que pasar por esto"); depresión ("¿Para qué intentar?"); y aceptación ("Está pasando y puedo manejarlo"). Esto se debe a que el cambio no esperado siempre representa una muerte de algún tipo; la muerte de la propiedad de una casa, por ejemplo, o el sueño de ser padre o de un temprano retiro. Es la muerte de tus expectativas a futuro. Es por esto que Anatole France dijo: "Todos los cambios... tienen su melancolía; pues lo que dejamos de lado es una parte de nosotros; debemos acabar con una vida para dar inicio a otra".

Por lo que sea que ahora estés atravesando y lo que sea que esto signifique para ti, siempre hay un sentimiento de pérdida de control. Con el cambio que viene de afuera, no estamos encargados de lo que ocurre y eso, por decir lo menos, es muy molesto. Los expertos en cambio Ann Salerno y Lillie Brock entienden esta verdad. En su libro *El ciclo del cambio*, señalan que cada cambio crea un "dolor de cambio". Las personas se tornan "tristes, iracundas, acusadoras, temerosas", lo cual con frecuencia las lleva a "entrar en aguas emocionales desconocidas". Como lo dice Kübler Ross, atraviesan un camino que va desde el *shock*, sigue por difíciles sentimientos negativos y finalmente desemboca en aceptación e integración. El proceso puede no ser lineal o veloz. Puede que vuelvas a una etapa que pensaste haber superado, y puede que tome más tiempo de lo que esperabas o deseabas. Pero, en últimas, se trata de un recorrido de reconciliación con lo que debe ser y del crecimiento de nuevas posibilidades.

Lo que resulta importante entender de todo esto es que hay una trayectoria natural en el cambio que no se ha pedido y que está caracterizado por unos sentimientos particulares. Así, puedes hallar consuelo en el hecho de que lo que estás sintiendo es normal y que tienes una progresión positiva, aunque nunca llegues a apreciar el cambio en sí. Cuando entiendes que lo que estás experimentando es dolor, puedes ser delicado contigo mientras atraviesas ese proceso. Si de repente perdiste a un ser amado, ¿acaso esperarías estar en la cima de tu mundo? Estarías consciente de haber sufrido una pérdida y te asegurarías de tratarte con sutileza.

De acuerdo con investigaciones en resiliencia, los maestros del cambio se permiten a sí mismos experimentar sus sentimientos de dificultad, pero no lo asumen como un estado permanente. La parte de "acepta el cambio" ofrece una variedad de prácticas para lidiar con tus sentimientos de dificultad mientras te adaptas y te ajustas a la nueva realidad. Nosotros, los seres humanos, somos lo suficientemente complejos en términos psicológicos para acomodarnos a ambas cosas".

¿Qué hay de mi cliente, el director ejecutivo? Ya han pasado varios meses. Ha atravesado por negación e ira, y se encuentra en la transición de la negociación y la depresión hacia la aceptación a medida que recibe indicios de un nuevo trabajo y experimenta los beneficios de no trabajar más cien horas a la semana. "Finalmente, tengo tiempo para mi hija", me dijo hace unos días, "y de hacer varias cosas que he querido hacer y nunca he podido en los últimos cinco años". En algún momento, tú también verás una luz al final del túnel del cambio.

CULTIVA EL PENSAMIENTO DE LAS DOS COSAS A LA VEZ

Es posible sentirse mal y a la vez seguir adelante. Se requiere del pensamiento de las dos cosas a la vez, en lugar del pensamiento de una o la otra: "Sí, me siento mal por haber perdido mi casa, y, *a la vez*, puedo hacer del lugar que arriendo un sitio muy placentero"; "Sí, cometí errores financieros, pero, *a la vez*, sigo siendo una persona responsable". Cultivar la habilidad de conservar las dos creencias nos ayuda a experimentar nuestros sentimientos y, *a la vez*, volver al ruedo, y es uno de los fundamentos de la sabiduría. La vida —y tú mismo— es algo muy complejo para quedarse atrapado en el pensamiento de una cosa o la otra. Así que, cuando te veas pensando en *una cosa o la otra*, anímate a pensar en que ambas cosas pueden darse *a la vez*.

VERDAD SOBRE EL CAMBIO # 6

Eres más resiliente de lo que crees

Nunca se había considerado el tipo de persona que permanecía tranquila en tiempos de crisis y, sin embargo, nunca sabes de lo que eres capaz hasta que llegas a ese momento dado. La vida era solo una serie de puntos donde te seguías sorprendiendo a ti mismo
—Jodi Picoult

"No puedo con esto", exclamó Susan refiriéndose al tambaleante fondo para la universidad de su hija. Sé cómo se siente. Cuando pienso en los cambios con los que he debido lidiar en mi vida —tener que estar tumbada en la cama durante un año debido a un severo dolor de espalda, atravesar por una separación devastadora, enfrentar la bancarrota de mi compañía, sin hablar de todos los altibajos que sufre un empresario—, han habido ocasiones en las que en verdad he dudado de mi capacidad de vivir un segundo más. Y, sin embargo, aquí estoy, y también lo estás tú. Como lo señaló el filósofo William James: "Las grandes emergencias y crisis nos demuestran que nuestros recursos vitales son mucho más grandes de lo que suponíamos".

Todos somos sobrevivientes de nuestras vidas. Has tenido que vértelas con cambios que nunca anticipaste o quisiste. Con todo, tus mejores esfuerzos no son garantía de que no tenga que seguir siendo así (a un amigo mío se le ha incendiado la casa dos veces, dando prueba de que la vida en definitiva no es justa). Pero, a pesar de todo, ¡aún sigues aquí! Has llegado hasta este momento y eso es muy buena evidencia de que seguirás adelante, incluso si hay días en que no sabes cómo. Tú y yo, ambos, tenemos resiliencia.

De acuerdo con las Asociación Estadounidense de Psicología, "La resiliencia es la habilidad humana de adaptarse en condiciones de tragedia, trauma, adversidad, dificultad y demás agravantes continuos de la vida". Solía creerse que la resiliencia era algo certero que algunos tenían y otros no. Estudios de eventos recientes como el 11 de septiembre y soldados que retornaron de Irak han revelado que la resiliencia en realidad es bastante común.

No solo son los expertos los que subestiman nuestra capacidad de supervivencia. Todos somos más fuertes de lo que pensamos. Yo estuve casada durante catorce años cuando, sin previo aviso, mi marido, que también era mi socio de negocios, anunció que nuestra relación se acababa. Honestamente, creí que no sería capaz de sobrevivir emocional ni financieramente. Pero aquí estoy, diecisiete años después, luchando con otra carrera y otro matrimonio, infinitamente más confiada en mi habilidad de cuidarme a mí misma. Eso es lo impresionante del cambio. Muchos de nosotros hacemos todo por evitarlo. Dudamos de nuestra capacidad de sobrevivir a él. Sin embargo, cuando llega a nuestra puerta, muchos somos capaces de buscar dentro de nosotros y hallar la fuerza interna para ponernos un par de zapatos fuertes y caminar hacia la luz.

La investigación de los profesores Richard G. Tedeschi y Lawrence Calhoum demuestra que no solo tenemos la habilidad de crecer a través de los desafíos, lo que ellos llaman crecimiento postraumático, sino que los beneficios de hacerlo incluyen mejores relaciones humanas, nuevas posibilidades para nuestra vida, un mayor aprecio de estar vivo, una fortaleza personal más grande y un amplio desarrollo espiritual. Recompensas que no están para nada mal, diría yo.

Así que, ¿cómo cultivamos la resiliencia? George Bonanno, profesor de psicología de la Universidad de Columbia, y otros expertos en resiliencia dicen que viene del compromiso de hallarle un sentido a lo que te está ocurriendo, de la confianza en tu capacidad de adquirir resultados positivos, la voluntad de crecer y la decisión de reír y ser agradecido.

Cuando trabajo solo o con alguien más que está pasando por un cambio difícil, siempre me hago dos preguntas; la primera es: *¿Qué puede estar bien en todo esto?* La pregunta nos ayuda a hallar sentido y a crecer. Los psicólogos positivistas le llaman interpretación creativa, la habilidad de asignarle a lo que estamos viviendo un sentido que nos lance hacia el futuro de una manera positiva.

La otra pregunta que siempre hago es: *¿Por qué cosas de ti mismo o de tu vida puedes estar agradecido en este momento?* Como autora de libros de gratitud, me ha impresionado su poder de ánimo y concentración en lo que aún es correcto y está bien y completo en nuestras vidas. Hace poco me presentaron por medio de correo electrónico a una joven de diecisiete años llamada Lauren. Lauren ha vivido en doce hogares de paso distintos desde que tenía ocho años. Cuando se muda de un lugar a otro, sus pertenencias caben en una bolsa plástica. Por su edad, está a punto de salir del sistema de hogares de paso de California, sin ningún lugar a donde ir, ningún dinero y ningún trabajo. Con todo, está feliz. Cuando tenía diez años, vivía con Mami Jean. Mami Jean le dio a Lauren una piedrita y le dijo que siempre la cargara en su bolsillo. Cada vez que la sintiera, debía pensar en algo por lo cual estuviera agradecida. Desde entonces, cada día, sin importar en dónde esté, Lauren ha tocado esa piedrita y ha descubierto cosas por las que se siente agradecida.

El hombre que me contó la historia de Lauren me envió una pequeña piedra para mi bolsillo. Si pudiera, te daría una a ti ahora mismo, no solo para ayudarte a practicar la gratitud, sino para recordarte que, como Lauren, puedes sobrevivir a los cambios que la vida te arroja.

VERDAD SOBRE EL CAMBIO # 7

Tu futuro se construye sobre una roca que es inmutable

A través de la ira, las pérdidas, la ambición, la ignorancia, el aburrimiento, lo que eres, escoge su camino
—Walt Whitman

Tom Heuerman es un consultor organizacional que sabe una que otra cosa sobre el cambio tanto desde el punto de vista de los negocios como desde el punto de vista personal; escribe abiertamente de las lecciones que aprendió al recuperarse del alcoholismo. Hace poco, escribió sobre las cualidades de las organizaciones sostenibles: estas "se adaptan continuamente al entorno externo… [y] tienen una sólida identidad de propósito (por qué existen) y valores (principios por los cuales se guían) que les proveen estabilidad y continuidad a medida que todo el resto de las cosas cambia con el tiempo".

Lo que me impactó es que las cosas que aplican a las organizaciones también aplican a los humanos. La AdaptAbilidad surge de la misma roca inmutable.

Quizá una roca no sea la única metáfora apta. Los biólogos saben que una de las cualidades de una sistema vivo es que es capaz de responder y adaptarse al cambio sin perder su integridad básica. Piensa, por ejemplo, en una célula. Tiene una membrana semipermeable que permite que las cosas fluyan dentro y fuera, aun manteniendo su "celularidad".

Así hay algo dentro de ti. Hay una particularidad tuya que no cambia, a lo que Walt Whitman se refiere como "lo que eres". Una esencia que seguirá intacta sin importar qué tanto ni qué tan bien te adaptes. Para entender esto, resulta útil hacer la diferencia entre lo que eres como persona y tu comportamiento. Para adaptarte, puede que tus comportamientos tengan que cambiar, pero tu esencia como persona permanece igual.

Durante el cambio, ponerte más en contacto con esa particularidad es crucial, pues es el material en bruto que tienes para ofrecer en cualquiera y todas las circunstancias. Entre otras cosas, esa esencia está compuesta por cuatro elementos: lo que verdaderamente amas hacer, las maneras únicas de pensar que eres excelente en aquello que has estado haciendo toda la vida, lo que te importa profundamente y los entornos que sacan lo mejor de ti. Juntos, todos estos crean tu sentido de propósito. La manera en que los expresas, hacia dónde los diriges y cómo los entiendes puede y, en efecto, se desarrolla y cambia a través del tiempo. Sin embargo, hay una esencia que persiste, una nota firme y subyacente como el latido de tu corazón. Es por eso que, a donde quiera que vayas, ahí estás, como lo dijo Jon Kabat-Zinn.

Mírame a mí, por ejemplo. Cuando supe que tenía que dejar la industria editorial, Dawna, que era una de mis autoras, me invitó a unirme a su compañía de consultoría. Debí aprender un montón de nuevas habilidades, como liderar grupos y los principios de un enfoque activo, que es la base fundamental del trabajo de la empresa. Lo inmutable que traje conmigo es mi amor por la lectura, la escritura, la oratoria y el pensamiento, y mi tendencia a dar lo mejor de mí en un entorno que ofrece tiempo tanto en solitario como en grupo. Estos eran los materiales en bruto que les ofrecía a los autores y al equipo de trabajo como editora y redactora de una editorial de autoayuda. Ahora solo los estaba dirigiendo en una nueva dirección.

Así que eso también es para ti. Traes contigo lo que verdaderamente amas, tus formas dominantes de pensamiento, tus valores y los entornos que sacan lo mejor de ti a medida que enfrentas un cambio en tu vida. En la parte de "Expande tus opciones", tendrás la oportunidad de sacar estos cuatro elementos a la superficie de tu consciencia. Son aquello en lo que puedes contar sin importar las demás cosas que cambien (ve la sección "No te adentres en terreno salvaje sin tu brújula", página 181).

He aquí por qué entender estas cuatro cosas es tan importante. Con frecuencia, Dawna habla de su abuela. Una vez, cuando la vida me estaba pidiendo un gran cambio y andaba decepcionada de mi habilidad para lidiar con él, me contó la siguiente historia: su abuela fue una judía que vivía en una aldea rusa. A través de los siglos, cada tanto, los cosacos irrumpirían a destruir todas las casas de judíos en el pueblo. Todo lo que podías hacer, decía la abuela, era esconderte hasta que se fueran y luego buscar entre los escombros ladrillos buenos con los cuales volver a construir. Nuestros amores, talentos, valores y entornos preferidos son los ladrillos buenos con los cuales podemos volver a construir.

III

LAS ACCIONES DE UN MAESTRO DEL CAMBIO

PASO 1: ACEPTA EL CAMBIO

No podemos cambiar nada a menos que lo aceptemos.
Condenar no libera, oprime
—Carl Jung

Cuando nos encontremos en una situación que está cambiando, sin importar cual sea, la reacción inicial más común es —adivinaste— la negación, seguida por la ira. Casi inmediatamente, la mayoría de nosotros responde al cambio no esperado con un rechazo visceral a lo que está pasando o luchando desesperadamente por no tener que confrontarlo, repitiendo (verbal o mentalmente) frases como:

"No es mi responsabilidad".

"No tengo la energía".

"No quiero".

"No es justo".

"No es esto para lo que me inscribí".

"No debería tener que hacerlo. No se suponía que fuera ser así".

¿Te suena familiar? Detrás de todos esos mensajes hay un grito de dolor: *No sé cómo adaptarme y me molesta tener que hacerlo.* Estos pensamientos y los pensamientos que hay detrás son normales, pero contraproducentes. Nos hacen tropezar y no nos dejan avanzar.

En realidad, lo mejor que podemos hacer, en lugar de meter la cabeza en un hueco, es tener claro lo que en verdad está pasando, para así poder enfocarnos en lidiar precisamente con eso. La fase de aceptación es, con frecuencia, la más dura, pues lo que nos está pasando puede abrir nuevas heridas u obligarnos a ir a toda velocidad en un terreno donde habíamos estado felizmente planeando en piloto automático. Sin embargo, también es la fase más importante, pues, si no aceptamos la realidad de lo que está pasando y lidiamos efectivamente con nuestros sentimientos, simplemente no podemos responder de la manera más afectiva.

Por eso, esta parte incluye una variedad de ideas para ayudarte a reunir los hechos. Aprendes el por qué, por la manera en que nuestras mentes están estructuradas, recopilar información no es tan fácil como suena. Luego te ofrezco maneras para ayudarte a no perder tiempo valioso en negación, acusación, vergüenza o miedo debilitante, y te doy herramientas para lidiar con tus difíciles miedos. Mi meta es que, esta parte, la termines con una consciencia más relajada y menos nerviosa de la situación, y con una mayor habilidad de responder desde una mentalidad más clara y centrada. De ahí en adelante, estarás listo para ingresar en la siguiente fase de soluciones de lluvia de ideas.

Reúne los hechos como un reportero de periódico

Aceptación no implica sumisión; es el reconocimiento de los hechos de una situación. Luego debes decidir qué vas a hacer al respecto
—Kathleen Casey Theisen

He tenido una experiencia fascinante durante los últimos ocho años. He sido la pareja de pensamiento de varias personas del mismo equipo al mismo tiempo. Uno de los efectos de esto es que, en realidad, confío en mí cuando se trata de confidencialidad, pues no le cuento a una persona lo que he escuchado decir a otra. Otra consecuencia ha sido que verdaderamente he llegado a ver que todos, todo el tiempo, estamos formando nuestra propia realidad. Una persona me dice que la reunión estuvo genial; otra, que fue un desastre. " 'Él está desalentando a todo el mundo", dice alguno. "Él está haciendo un trabajo genial ayudando a los demás", dice otro. Algunas veces quiero preguntar: "¿Ustedes si quiera existen en el mismo planeta?". He llegado a entender que la respuesta es no. Cada uno de nosotros existe en su propio planeta con sus propias reglas, supuestos y conclusiones, muchas de las cuales creamos hace tanto tiempo que ni siquiera somos conscientes de ello. No estamos viendo la vida como es, sino como hemos concluido que es.

Esto puede ser muy peligroso, particularmente en tiempos de cambio, cuando estar en contacto con la realidad presente es bastante importante. ¿Cómo puedes subirte a la ola del cambio si ni siquiera tienes una visión precisa de la dirección en la que viene o de su velocidad? Es por eso que, tan pronto como te hagas consciente de un cambio al que debes responder, lo primero que debes hacer es recopilar los hechos. Puede que eso parezca obvio, pero en realidad no es tan evidente como puede parecerlo. En primer lugar, la situación puede ser muy compleja, y puede que no sea claro cuáles son los hechos. Es posible que lo que está cambiando, exactamente, sea difícil de determinar.

Pero hay una razón más profunda por la cual la propuesta de reunir los hechos es tan importante y desafiante. Tiene que ver con la manera en que el cerebro funciona. Para evitar la sobrecarga de información, nuestro cerebro filtra un gran número de datos en cualquier situación y solo le presta atención a una parte. Luego, en menos de lo que puedes darte cuenta, toma esos datos y crea un sentido de todo eso. El teórico organizacional Chris Argyris le llama a este proceso la "escalera de la inferencia": en la parte baja de la escalera, está toda la información observable; un escalón arriba, los datos que yo selecciono; luego, las historias que le sumo; las suposiciones que hago con base en mis historias; mis conclusiones; mis creencias con base en mis conclusiones; y acciones que llevo a cabo con base en mis creencias. Entre más alto estés en la escalera, más rígido es tu pensamiento y menos confiable, pues estás más lejos de los hechos.

Resulta interesante que, si bien Argyris desarrolló este modelo hace varios años, parece coincidir con una teoría de Jeff Hawkins, autor de *Sobre la inteligencia*, que habla sobre la estructura del neocórtex, la parte de nuestros cerebros que sirve como el centro del funcionamiento mental. Él cree que hay capas; las más cercanas al tronco cerebral almacenan información y están siendo constantemente cambiadas por datos entrantes, las más lejanas han formado creencias sobre la realidad basadas en experiencias pasadas y sacan de allí hechos que no concuerdan con el marco que han creado, finalmente, las que están en la mitad tratan de mediar entre las que nunca cambian y las que siempre lo hacen.

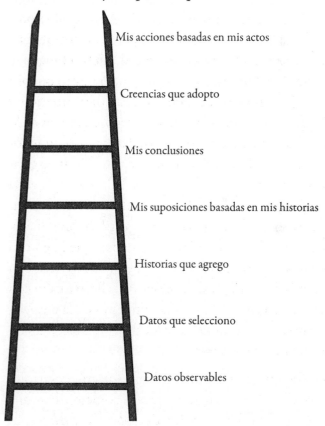

Mis acciones basadas en mis actos

Creencias que adopto

Mis conclusiones

Mis suposiciones basadas en mis historias

Historias que agrego

Datos que selecciono

Datos observables

Lo que resulta importante de esto con respecto al cambio es entender que nuestras mentes saltan de forma instantánea hacia historias, supuestos, conclusiones y creencias, lo cual puede resultar peligroso si nos quedamos enredados en nuestra interpretación de la situación y perdemos contacto con los hechos mismos.

Puedes empezar a ser consciente de tu mente notando las historias que te cuentas a ti mismo en tiempos de cambio. Aquí está la mía. Digamos que un cliente cancela todo un día de entrenamiento debido a un ajuste de presupuesto. De inmediato, mi mente salta hacia algo como: "Voy a terminar viviendo en la calle" lo cual, vaya sorpresa, me conduce al pánico. Bienvenidos a los contenidos de mi mente.

Puede que tu mente haga cosas similarmente inútiles, quizá pienses cosas como: "Sabía que esto iba a pasar, pues se trata de un gerente y en los gerentes no se puede confiar". O: "Todo es mi culpa, pues no valgo nada". O: "Esto no me debería estar pasando, merezco algo mejor". Tan pronto como nuestras mentes suben un peldaño en la escalera, empezamos a reaccionar a partir de nuestros supuestos en lugar de nuestros hechos. Por mi parte, ahora estoy en pánico, un estado mental inútil e innecesario en este caso, pues los hechos dicen que solo se ha cancelado un día de clase y que tengo otros negocios.

Por eso, apenas adviertas que una ola de cambio viene hacia ti, la primera cosa que debes hacer es descender hasta el principio de la escalera. Allí es más estable. Eso implica conseguir el mayor número de datos posible sobre la situación y resistirse al impulso de saltar a suposiciones o conclusiones. Toma un consejo de Sir

Arthur Conan Doyle: "Es un error capital teorizar antes de tener datos. De manera insensible, uno empieza a acomodar los datos a las teorías, en lugar de las teorías a los datos". Con frecuencia, los datos no son tan malos como nuestras historias sobre ellos. E incluso, si lo son, una vez conocemos la verdad de la situación, podemos responder a él de manera más efectiva.

Tim Gallwey, autor de *El juego interior del trabajo*, ha desarrollado un conjunto de preguntas para reunir los hechos de la realidad objetiva que he adaptado aquí. Sugiero que te sientes en silencio y anotes tus respuestas (o le pidas a alguien que te haga un *quiz*), como si se tratara de un artículo para un diario y tú fueras un reportero; solo los hechos, sin conclusiones.

No es necesario que respondas a todas las preguntas. Dependiendo de tu situación, algunas serán más relevantes y útiles que otras. El punto es hallar la mayor cantidad de información objetiva que puedas.

- ¿Qué sucede? *(Estoy gastando más de lo que gano. He estado usando mi línea de crédito hipotecario para compensar el déficit entre mis ingresos y mis gastos)*

- ¿Qué entiendes y qué no entiendes sobre tu situación? *(No he averiguado de cuánto es el déficit y a donde está yendo mi dinero en realidad)*

- ¿Necesitas más información antes de actuar? *(Necesito conocer hechos antes de hacer un plan)*

- ¿Qué has estado tratando de controlar aquí? *(He estado tratando de controlar la situación al no comer fuera de casa, pero eso no hace una gran diferencia)*

- ¿Qué está más allá de tu control? *(El hecho de que no puedo tocar más mi línea de crédito)*

- ¿Qué podrías controlar ahora mismo que haga la diferencia en lo que estás sintiendo o en tu situación? *(Puedo averiguar las cifras y hacer una lluvia de ideas para apretar mis gastos. Puedo hacer ejercicio para sentirme óptimo)*

Para ayuda adicional que te permita establecer dónde estás, también considera estas preguntas extra del autor Mark Nepo:

- ¿Qué cosas siguen dándose por más que tú las sigas atajando? *(Sigo pensando que debería vender la casa carro, aunque no quiero)*

- ¿Cuáles son las cosas que quieres atender pero no sabes cómo? *(Debo hablar con mis amigos sobre lo que está pasando de una manera en que no los asuste. Leí un buen artículo sobre eso)*

Ahora que has hecho tu investigación, debes tener un entendimiento más claro de los hechos de tu situación y quizá una idea de cómo empezar a moverte hacia adelante.

Reconocer la verdad plena es el primer paso hacia la aceptación. No quiere decir que te tenga que gustar lo que está ocurriendo, solamente que reconoces la realidad. Y, como le gusta ponerlo al profesor Byron Katie, no tiene sentido discutir con la realidad, porque siempre gana.

¿CÓMO HAS CONTRIBUIDO A LA SITUACIÓN?

"Cuando Bud perdió su empleo, trató de ocultarlo de inmediato —de todos y de él mismo— pues, según decía, fue 'dejado de lado'", explica su esposa, Mary. "Pero, la verdad es que fue despedido. Sí, su firma, de hecho, perdió algunos contratos y tuvo que hacer recortes, pero la razón por la cual fue el primero en salir fue porque se le dijo una y otra vez que no estaba trabajando lo suficientemente rápido. Es muy metódico y meticuloso, algo muy bueno en ciertas industrias, pero no en el negocio de los deportes, que sigue un ritmo muy acelerado. Era terco, ni siquiera consideraba buscar formas de hacer las cosas de una manera más veloz. Siempre me pregunto si hubiera podido recuperarse más rápido al haber admitido lo que pasó, en lugar de quedarse varado en la victimización durante cinco años". No hagas lo que hizo Bud. ¿Cómo has contribuido tú a la situación en la que estás? Qué hay de la retroalimentación que has recibido de los demás, ¿hay allí algún grano de verdad?

> Eres lo suficientemente fuerte para enfrentar los hechos y aprender para el futuro. La verdad puede hacerte libre.

¿Qué otra información necesitas?

El conocimiento es poder
—Sir Francis Bacon

Fred entró a la cocina y le dijo a Brigitte: "Lo siento, pero vamos a tener que vender esta casa, porque la vamos a perder. No hay nada más que podamos hacer". Brigitte estalló en llanto. Esto no podía ser posible. Esa era la casa de sus sueños por la que tanto habían trabajado. No tenía idea de que había un problema. ¿Cómo podía estar pasando esto? Ella no lo iba a tolerar. Empezaron a discutir y Fred terminó yéndose de la casa furioso.

Esto ocurrió con una pareja, pero la dinámica de fondo ocurre todo el tiempo en negocios tanto grandes como pequeños, en especial cuando hay despidos y reestructuraciones. Algunas personas tienen más información que otras. Los que tiene conocimiento han estado pensando en opciones y escenarios durante un tiempo. Durante ese tiempo, puede que hayan estado diciéndoles a los demás involucrados que "todo está bien". Luego llegan con una decisión firme, dejando perplejas o incluso desilusionadas a las personas que reciben el mensaje.

Si estás del lado de la historia en que estaba Fred y aún no has anunciado nada, considera darles un adelanto a las personas involucradas. Eso fue lo que hizo la compañía sin ánimo de lucro en la que trabaja mi cuñado. Anunciaron que podría haber despidos dentro de tres meses dependiendo de las donaciones. Eso les permitió prepararse tanto a mi hermana como a él, emocional y financieramente. Cuando, de antemano, haces una advertencia, también abres la posibilidad de que otros traigan ideas creativas a la situación que tú no habías considerado. Por ejemplo, puede que tu equipo de trabajo esté dispuesto a trabajar en un horario reducido o a tomar un par de semanas de vacaciones no remuneradas para que así nadie deba ser despedido.

También generas más compromiso cuando involucras a otros en el análisis de la situación. Quizá Brigitte hubiese estado más dispuesta a vender la casa si la hubieran hecho parte de la conversación mucho antes. Cuando anuncies un cambio necesario, al menos asegúrate de ofrecer un contexto a tu decisión —en lo que pensaste y por qué llegaste a las conclusiones que presentas— para que así los otros puedan ponerse en tu mismo nivel.

Si estás en el lado en el que estuvo Brigitte, no tienes ninguna opción sobre cómo o cuándo recibes la noticia. Con todo, puedes estar consciente de que entender las respuestas y la necesidad de cambio ayuda a lidiar de una mejor manera con la situación. Quizá nunca estés de acuerdo con la decisión, pero, cuando entiendes qué fue lo que llevó a los Freds del mundo a tomar la decisión que tomaron, puede que la aceptación sea más fácil.

Si este es un cambio con el que alguien más te ha golpeado, he aquí algunas preguntas que quizá quieras hacer para entender lo que más puedas de lo que está pasando. Pueden parecer muy básicas, pero, dado que el cambio puede desatar tu respuesta de pelear o huir, lo cual disminuye tus capacidades de pensar de manera lógica, una hoja de trucos para ayudarte a reunir los hechos puede ser útil. Entre paréntesis, hay dos posibles respuestas desde dos escenarios —un despido y la pérdida de una casa— para darte una idea de cómo pueda ir el asunto.

- ¿Qué es lo que está cambiando? *(Estamos cerrando el negocio. / Debemos vender nuestra casa y mudarnos)*

- ¿Qué factores llevaron al cambio o qué eventos desembocaron en él? *(La demanda de los clientes disminuyó debido a la economía / El valor de nuestra casa ha caído por debajo del monto de la hipoteca)*

- ¿Qué acciones o eventos específicos van a ocurrir? *(Todo el mundo será despedido / Debemos contratar a un agente de bienes raíces)*

- ¿Cuándo ocurrirán acciones o eventos específicos? *(Tu contrato acabará el 1 de agosto / Tan pronto como sea posible)*

- ¿A quién más le afecta este cambio? *(Todas las cuarenta y cinco personas serán despedidas / Debemos hablar con los niños)*

- ¿Cómo se llegó a esta conclusión y qué alternativas fueron tomadas en cuenta? *(Intentamos obtener una extensión en nuestra línea de crédito pero fuimos rechazados / Intenté con-*

seguir una nueva hipoteca, pero la caída en el valor nos obliga a hacer una alto pago que no estamos en condiciones de hacer)

- ¿Qué recursos están disponibles para lidiar con el impacto que esto tiene en mí? *(Debes aplicar al seguro de desempleo / Podemos encontrar algo más pequeño para arrendar o podemos mudarnos con mi mamá)*

- ¿Qué recursos están disponibles para ayudarme a atravesar por este cambio? *(Como somos una compañía pequeña, no tenemos servicios de reubicación, por lo que tendremos que buscar ayuda en otra parte / Agentes de bienes raíces, sitios web.)*

- ¿Cómo están lidiando otros que atraviesan por una situación similar? *(Quizá puedas crear un grupo de apoyo con los demás empleados / Llamemos a los González, ellos pasaron por algo así)*

En cuanto a Fred y Brigitte, cuando Fred entendió que no le había permitido a su esposa ser parte de razonamiento, volvió al principio. Le presentó el problema y le pidió que, entre los dos, pensaran en una solución. Al final, ella llegó a la misma conclusión que él, y vendieron su casa. Esta vez, estaban en la misma página.

La verdad te hará libre (o al menos te pondrá en movimiento)

El negar no es un río de Egipto
—Anónimo

Sandra se estaba endeudando lentamente cada mes. Su negocio de diseño gráfico simplemente no estaba produciendo el dinero suficiente. Periódicamente, le pedía préstamos a su madre de 83 años, a la que nunca le pagaba. Cuando la familia le preguntaba por eso, ella respondía: "Soy una mujer de 59 años. Estoy haciendo todo lo que puedo. No hay nada más que pueda hacer". Un día, su hermana y su hija decidieron intervenir. La sentaron y le dijeron: "Tienes un problema. No puedes seguir así. Estamos aquí para ayudarte".

Primero repasaron con ella su presupuesto. Sandra no había mirado sus números en más de un año. "Le ayudamos a ver la verdadera cantidad de dinero que estaba perdiendo cada mes e hicimos una lluvia de ideas sobre cómo resolverlo", explicó su hermana. "Cuando ella dijo 'No hay nada más que pueda hacer', entramos con ella a *Craigslist* para ver qué trabajos había disponibles y cuáles eran los requerimientos. Se dio cuenta que sí tenía la habilidad de hacer muchos trabajos que habían allí. Desde entonces, ha tomado un trabajo de medio tiempo que le permite mantener su negocio y no caer en un hueco emocional y financiero".

La negación puede adoptar muchas formas. Puede ser una negativa a admitir que hay un problema, una inhabilidad de mirar objetivamente la situación o de actuar al respecto. O puede ser la certeza de que los intentos por hacer que la situación mejore son inútiles: "¿Por qué intentarlo? No haría ninguna diferencia". En el fondo, tenemos miedo de que el problema sea muy grande o espinoso para lidiar con él. Si sabemos que implicará dejar ir algo a lo que estamos profundamente ligados o incluso adictos, haremos como si nada estuviera pasando para no tener que atravesar por el duro trabajo del cambio.

Como bien lo saben aquellos que aman a personas con adicciones, no puedes hacer que alguien salga de la negación. Cómo y cuándo una persona decide enfrentar la realidad y cambiar sigue siendo un misterio. Sin embargo, las intervenciones suelen funcionar, porque pueden despertar a la persona del trance en el que ha estado; tal vez entienda que la situación es tan seria, que todos se han reunido para hablar de eso. Puede que entienda que no es necesario enfrentar el cambio por sí sola: tú le vas a ayudar. No estoy sugiriendo que, si amas a alguien con una adicción, lleves a cabo una intervención por ti mismo. Eso requiere de una gran experiencia y experticia.

Sin embargo, si te preocupa que alguien cercano a ti necesite aceptar la realidad de una situación y tan solo sea necesario un empujoncito para avanzar, algunas veces una charla sincera y concreta, junto con algo de ayuda para empezar, puede funcionar. Un empresario de internet me contó hace unos días de una conversación muy útil que tuvo con su contador. El contador dijo: "Luego de revisar las cuentas, tengo que decirte: tienes que escoger entre tu negocio o tu casa. Si no dejas ir uno de ellos, perderás el otro". "Era justo lo que necesitaba para dejar de esperar un milagro y salir a buscar un trabajo", dijo Bob.

Una amiga me había estado diciendo durante meses que debía revisar sus finanzas, porque sabía que estaba gastando demasiado. Yo me ofrecí a sentarme con ella a enfrentarlo. Los números decían que cada mes se estaba gastando $2000 dólares más de lo que ganaba. Como muchos de nosotros, había estado viviendo de esa maravillosa alcancía —la renta de una casa— que de repente se secó. Mirar los números verdaderos fue la alarma que necesitaba para elaborar un presupuesto serio y hacer un plan para pagar su segunda enorme hipoteca.

Nadie puede "obligar" a alguien a cambiar, como ya lo habrás descubierto a través de tu vida. Con todo, sí podemos ofrecer una forma amable de decir la verdad y mucho apoyo para ayudar a las personas que nos importan a dar un giro y enfrentar su realidad.

CÓMO AYUDARTE A TI MISMO A SALIR DE LA NEGACIÓN

He aquí algunas buenas preguntas que hacerte. Si estás en negación, pueden ayudarte a salir de ahí. Si no, pueden ayudarte a actuar aún más rápido:

1. ¿Cuáles crees que podrían ser las consecuencias de no hacer nada?

2. Dadas esas consecuencias, ¿qué le aconsejarías hacer a un amigo?

3. ¿Qué o a quién necesitas para seguir tus consejos de la pregunta número 2?

Si puedes verlo, te corresponde lidiar con él

Si no cambiamos pronto de dirección, terminaremos llegando a donde vamos
—Profesor Irwin Corey

"Me están volviendo loca", dijo Lily, la dueña de una firma de consultoría. "Los negocios siguen decayendo y el equipo llega a las reuniones de trabajo con las mismas cosas de siempre. ¿Acaso no se dan cuenta que necesitan ofrecer soluciones personalizadas y comercializar nuestro trabajo de manera diferente?".

Los comentarios de Lily se me quedaron en la cabeza porque los había escuchado de formas distintas tres veces en una semana. Las personas que los dijeron deseaban que otros notaran la necesidad de un cambio y actuaran. Lo que me hallé diciendo una y otra vez fue: "Si puedes verlo, te corresponde lidiar con él. No todo el mundo es bueno leyendo señales de necesidad de cambio o proponiendo ideas nuevas. El hecho de que tú sí lo seas, significa que es tu responsabilidad abrir el camino. En lugar de quejarte porque ellos no pueden, ¿por qué mejor no celebras que tú sí? Luego, haz algo al respecto; ayúdales a ver lo que se necesita y cómo pueden ofrecerlo".

Los seres humanos tienen distintos talentos y capacidades. Ese es un lugar común que resulta fácil de mencionar, pero difícil de vivir. En el fondo de nuestro corazón, no queremos que eso sea cierto. Quizá porque, si llegara a ser cierto, entonces tendríamos que tomar una seria responsabilidad por los talentos y capacidades que tenemos. Es atemorizante entender que, si no ponemos de nuestra parte, el sistema —la familia, el negocio, la comunidad— puede fallar.

En tiempos de cambio, no podemos perder tiempo en la mentalidad "¿Acaso no pueden ver que el edificio está en llamas?". No pueden y tú sí, así que es tú trabajo ayudarles a ver la situación como es y pensar junto con ellos en todos los recursos posibles para responder de forma adecuada. Eso puede implicar ideas, entrenamiento, formación, más supervisión o intervención de tu parte.

En el caso de Lily, ella decidió que, debido a que era buena dando con soluciones innovadoras y nadie más en su equipo lo era, en lugar de entrenarlos para pensar como ella, era mejor revisar cada propuesta antes de ser presentada y ver si había algo que pudiera ser cambiado o agregado. Con el tiempo, se dio cuenta de que un par de personas aprendieron y pudo confiar en ellas para enseñarle a los demás.

Si uno de tus empleados sigue negándose a reconocer la necesidad de un cambio a pesar de tu apoyo, entonces que ese sea un indicio de que esta no es la persona indicada para el trabajo. ¿Pero qué pasa si se trata de un colega, un esposo u otro miembro de la familia? En otras palabras, ¿en una situación en la que no tienes poder para contratar o despedir? Entonces debes pensar en qué acciones puedes tomar para hacer frente a esta situación impactando a los demás lo menos posible. Esto suele ser más fácil en el trabajo que en el hogar. Puedes, por ejemplo, empezar a mirar costos cada mes, incluso si tu colega o tu jefe no lo hace.

También hay cosas que puedes hacer en tu hogar. Por ejemplo, si sabes que es necesario apretarte el cinturón y tu esposa no lo entiende, haz una lluvia de ideas de cosas que puedes hacer por ti mismo para ahorrar dinero. También puedes considerar pedirle ayuda a un consejero, un sacerdote o un amigo, para que ambos puedan estar en la misma página.

Resulta importante entender que la aceptación necesaria en tiempos de cambio es reconocer que eres tú quien lo percibe y que, por lo tanto, debe iniciar opciones y acciones. No te quedarías en un edificio en llamas solo porque nadie más parece percibirlo, ¿verdad? Así que activa la alarma y ponte a ti mismo y a los demás a salvo.

¿Cómo puede ser esto buena suerte?

Lo que ayuda a la suerte es el hábito de estar alerta a las oportunidades, tener una mente paciente, pero inquieta... y pasar por los tiempos difíciles de forma valiente y alegre
—Charles Victor Cherbuliez

Monroe Mann es actor, escritor, músico y cineasta. Hace años, decidió inscribirse en la Armada Nacional, sin saber que eso algún diría significaría ser enviado a Irak. Eso sí que fue un cambio inesperado: "Tuve que terminar el contrato de arrendamiento en mi oficina de Manhattan, detener la producción de un película que estaba por filmar y también disolver mi banda", explicó. "Fue un momento difícil. No estaba preparado para eso. Irónicamente, no era que yo estuviera preparado para el combate. Estaba mal preparado para dejar todo aquello por lo que había trabajado tan duro desde hace tanto tiempo. Estaba muy estresado por lo que significaría la dispersión de mi negocio y mi carrera.

Entonces, tomé un respiro profundo, di un paso atrás e hice una lista de todas las cosas buenas que esto me traería y de todas las cosas que iba a hacer para darle un giro a este 'cambio que nunca esperé' y volverlo una 'bendición que nunca esperé'. Haciendo la lista, caí en cuenta de que este acontecimiento me convertiría en una persona de cabeza fría, me daría una gran experiencia para rodajes, me haría acreedor de muchos beneficios que tienen los veteranos y me volvería una persona más confiada y recorrida.

Al final, todo esto resultó en un gran número de éxitos: escribí y publiqué un nuevo libro mientras estuve allí; grabé 75 horas de material que ahora estoy editando para hacer la primera comedia del mundo sobre la Guerra de Irak; incluso fui nominado para una estrella de bronce por mis esfuerzos entrenando al Cuarto Batallón Iraquí. ¡Resultados para nada malos tratándose de una zona de combate!".

Monroe me escribió cuando supo que yo andaba buscando historias de cambios no esperados. La suya llegó el día en que debía entregar este libro. Me apuré a incluirla, pues es un ejemplo muy bueno de cómo la historia que te cuentas sobre lo que está sucediendo puede hacer del cambio una cosa terrible o un portal hacia nuevas posibilidades.

Si, en especial, se trata de la primera vez que atraviesas por una gran adversidad, esto puede ser un *shock* a tu sistema. Siempre habías pensado que eras alguien con suerte, que la mala suerte (el divorcio o las deudas, la enfermedad o ser despedido) era para otros. La historia de Monroe te pide que consideres que si un cambio es buena o mala suerte depende en gran medida de lo que tú hagas de él. "La suerte" se encuentra a través de tu capacidad de ver la dificultad como una oportunidad y plagarla de entusiasmo.

Nunca olvidaré la vez en que mi amigo Andy Bryner vino a consolarme en medio de mi terrible dolor al inicio de mi divorcio. Me dijo al oído: "Aún no lo sabes, pero esta separación es el día de suerte de algún tipo nuevo". Lo hallé seis meses después. Fue ahí cuando aprendí que nunca debes asumir que el cambio indeseado no es una bendición disfrazada.

Monroe hizo dos cosas poderosas. Primero, se preguntó cómo todo eso podría ser algo bueno para él y elaboró una lista de cosas positivas de la situación: viajar, beneficios de salud, etc. Pero no se detuvo ahí. Luego, se preguntó cómo podría convertir una mala situación en una buena, lo cual le llevó a crear una película y escribir un libro. Monroe transformó su mala suerte a través de su actitud y sus acciones.

¿Qué hay de ti? Aceptar lo que ocurre es más fácil cuando lo miras como buena suerte, al menos de modo general y luego, como Monroe, trabajas para asegurarte de que así sea. Al menos recuerda que este no es el fin; en realidad, no sabes cuándo algo malo puede terminar siendo buena suerte.

"NUNCA SABES CUÁNDO TU MALA SUERTE PUEDE TERMINAR SIENDO BUENA SUERTE"

"Acepté este empleo porque estaba desesperado", dice José. "Nos acabábamos de mudar, mi esposa estaba sin trabajo y a mí me acababan de despedir". De lejos, se trataba de mucho menos dinero del que ganaba en mi trabajo anterior, haciendo algo que no me emocionaba. Con todo, resultó ser lo mejor para mi familia y para mí. Mi esposa suele estar fuera de casa con frecuencia debido a su trabajo, y yo puedo trabajar desde casa, lo cual me da una gran flexibilidad para recoger a los niños o lidiar con alguna emergencia del hogar, como atender a los muchachos que vienen a arreglar el horno. Tengo más vacaciones de las que jamás tuve, tengo tiempo para ejercitarme y he aprendido mucho sobre cocina. Nunca sabes cuándo tu mala suerte puede terminar siendo buena suerte"

"Preocúpate bien"

*En mi vida he pasado por cosas terribles, algunas
de las cuales, en realidad, ocurrieron*
—Mark Twain

Hay una caricatura que he tenido en mi escritorio durante años. Se trata de una mujer señalando un gráfico. El gráfico tiene dos columnas, una inmensa y la otra pequeña. La mujer está señalando la grande, diciendo: "Esto es todo por lo que alguna vez te has preocupado y esto es lo que en realidad ha ocurrido de todo por lo que alguna vez te has preocupado". Lo conservo para tener presente mi tendencia a agrandar todo, a asustarme con todas las posibilidades de "qué pasaría si" con las que mi mente ama obsesionarse.

Como Mark Twain, he pasado por cosas terribles, algunas de las cuales en realidad ocurrieron. Sin embargo, preferiría no vivir en un estado de pánico constante debido a cambios que pueden o no venir. Además de hacerte la vida miserable, esto mata células y te hace envejecer más, pues un alto nivel de colesterol, una de las hormonas que se liberan en la respuesta de huir o pelear, es tóxico para todos los tejidos de tu cuerpo. Así que he trabajado durante años para hallar estrategias que me permitan mantenerme al margen de pelear o huir.

Así es como funciona, la amígdala siempre está chequeando el entorno en busca de dos cosas: dolor *versus* placer, seguridad *versus* peligro. Quiere placer y seguridad.

Si percibe peligro o dolor, alerta roja, la respuesta al estrés se activa cuando esta inicia un llamado a la acción: pelar, huir o congelarse. Los mensajes del entorno van tanto a la amígdala como a otras partes de tu cerebro, pero siempre llegan primero a esta. Por eso, debemos volvernos más hábiles aprendiendo a interpretar los mensajes. El truco consiste en utilizar la parte lógica de tu cerebro para convencer a la parte atemorizada de ti de que no hay peligro, al menos ninguno con el que puedas lidiar.

De manera que, cuando mis clientes están atravesando por un cambio, les pregunto: "¿Qué es lo peor que podría pasar?". La mayoría de las veces, se dan cuenta de que no es algo tan grande: "Tendré que trabajar unos días más", "tendré que tomar un préstamo estudiantil", "tendré que vivir de acuerdo con un presupuesto".

Sin embargo, algunas veces siguen teniendo miedo: "Voy a perder mi casa y terminaré en la calle", "perderé mi trabajo y nunca más trabajaré", "nunca más volveré a ver a mi hija". Dawna me ha enseñado que, en estas situaciones, lo que hacemos es contarnos a nosotros mismos una historia de limitación en la cual estamos parcialmente varados. Bajo esas circunstancias, lo que funciona es una técnica que ella llama "preocuparse bien". Se trata de llevar la historia hasta el final para que entiendas que puedes sobrevivir a ella.

Yo he hecho esto muchas veces y es bastante útil. He aquí un ejemplo: uno de mis clientes tiene miedo de perder su casa. Le pregunto: "Okey, la pierdes, ¿luego qué pasa?". Él lo piensa un momento y responde: "Creo que me iría a vivir con mi hermana". "¿Y luego qué pasa?". "Bueno, al principio es difícil, porque no hay suficiente espacio para todas mis cosas y eso se siente mal. Mientras pasa el tiempo, me doy cuenta de que, como estamos juntando nuestros ingresos, las cosas no están tan apretadas y no estoy tan estresado todo el tiempo. En verdad, amo a mi hermana y me da tristeza que vivamos tan lejos el uno del otro y casi no nos veamos. ¿Sabes? Quizá no es tan malo después de todo".

Preguntarte: "¿Y luego qué pasa?" te permite acceder a todos tus recursos internos y externos para llegar a una solución con la que puedes vivir, quizá incluso prosperar. Te das cuenta de que siempre hay opciones, aunque solo sea a partir de la forma en que ves la situación. No importa si, en la realidad, terminas haciendo algo distinto de lo que imaginaste. Lo que importa es que, a través de este proceso, te pongas en contacto con tu capacidad de seguir adelante. Tú y yo somos más fuertes, inteligentes y recursivos de lo que creemos cuando tenemos miedo. Preocuparnos bien nos ayuda a hallar nuestro camino.

DATE UN DESCANSO

Sí, debes remitirte a tus sentimientos. Pero resulta que quedarte en tus sentimientos no es tan bueno para ti. Puede hacer que te quedes estancado. Entre más te enfoques en lo negativo, mayor será tu tendencia a quedarte en lo negativo, pues las células cerebrales que atacan juntas se terminan uniendo, creando un corredor demasiado conveniente para tus pensamientos. Así que date un descanso de tantos pensamientos sobre el problema. Camina, baila, ve una película graciosa, haz yoga, sal con un amigo y habla sobre otra cosa. Si te sientes ansioso, recuerda que las últimas investigaciones señalan que las distracciones que requieren de concentración, como el ajedrez o el sudoku, son mejores previniendo la preocupación que otras actividades más laxas como ver televisión. Experimenta con lo que mejor te funcione.

¿Qué problema esencial impulsa esto?

El camino se bifurca. Uno lleva a un mayor enredo, reactividad y un engrosamiento de la niebla de la confusión; el otro hacia el refinamiento de la conciencia y el desarrollo de la sabiduría compasiva. La elección es nuestra en cada momento
—Tara Bennett-Goleman

Deidre no vendió tanto como esperaba de su línea de productos gourmet. "Lo sabía", dijo, "estos tipos han estado en mi contra desde que empecé a trabajar con ellos". Hmm, pensé, así no es como lo veo. Le habían comprado sus productos durante dos años y ahora tenían problemas de dinero y estaban intentando acortar gastos en lo que pudiesen. ¿Por qué Deidre interpretó esto como un ataque en su contra?

Como dije antes, los seres humanos toman información y la interpretan. Resulta que una buena parte de esa interpretación viene de una o más maneras esenciales de explicar lo que nos ocurre, maneras que hemos desarrollado a través de nuestras experiencias de la primera infancia. Nuestros cerebros crean estas explicaciones y luego las buscan en otras situaciones como una manera de mantenernos a salvo. En su libro *Alquimia emocional*, Tara Bennett-Goleman identifica diez y las describe como:

Abandono: "Acabaré solo".

Privación: "Mis necesidades no se cumplirán".

Subyugación: "Siempre es a tu manera, no a la mía".

Desconfianza: "Me tienes entre ojos".

No sentirse amado: "Nadie podría quererme".

Exclusión: "Siempre me dejan por fuera".

Vulnerabilidad: "Soy responsable, pero no puedo controlar la situación, así que me siento abrumado y me preocupo en exceso".

Fracaso: "No soy lo suficientemente bueno"

Arrogancia: "Soy especial, así que las reglas no aplican para mí".

Perfeccionismo: "Debo hacer todo de una manera perfecta".

Una de las mías es Privación, así que, cuando soy golpeada por un cambio, mi primer pensamiento es que voy a terminar muriéndome de hambre en la calle. Cada una de las veces. Una manera de identificar estas situaciones tú mismo es por su característica de todo-o-nada. Con un solo cliente que me cancele, paso a mis pensamientos de morir en la calle. Eso es una pista. Otra es que con frecuencia te sigue pasando: Aquí vamos de nuevo. No importa lo que haga, nunca me siento lo suficientemente seguro.

Cuando actuamos a partir de un esquema, es como ver a través de gafas con lentes verdes que te hacen ver el mundo de ese color y estar convencido de que así es la realidad. Lo que empezó como una manera de protegernos termina por hacernos más daño, pues no necesariamente estamos viendo la situación de una manera precisa.

Los esquemas son más fáciles de ver en otras personas; puedes pensar: James es tan paranoico; o: Sheila no hace más que hablar de lo especial que es y lo mucho que le molesta que nadie más se dé cuenta de eso. Estas son señales de sus esquemas (desconfianza y arrogancia) y es probable que, si los notas, no sean los tuyos. Si una persona tiene uno similar a ti, entonces interpretas lo que dice como una confirmación de la realidad. También funciona al revés. Si alguien cercano a ti no comparte tu esquema, a él o a ella le puede costar mucho entender por qué reaccionas así frente a una determinada situación. Esta no desata la misma reacción en ellos.

Hacerte consciente de tu sistema particular es importante durante el cambio, pues te permite empezar a tomar distancia de la situación, percibirla de manera más objetiva y así responder más efectivamente a ella. Sin embargo, todos estamos muy concentrados en creer en nuestros esquemas, de manera que tan solo hacernos conscientes de ellos no va a cambiarlos. Con todo, sí es el primer paso.

Entonces, ¿cómo te vuelves más consciente? Bennett-Goleman dice: "Cuando estás inusualmente molesto, preocupado por emociones persistentes o te comportas de manera impulsiva e inapropiada", esa es una pista de que un esquema está ejecutándose. Luego te sugiere que:

- Reconozcas que uno o más esquemas han sido activados

- Adviertas los sentimientos en tu cuerpo *(Siento un aleteo en mi corazón/ Un hundimiento en la boca del estómago...)*

- Adviertas los pensamientos que vienen con las sensaciones *(Me estoy diciendo a mí mismo que terminaré solo/ Que debo ser perfecto)*

- Adviertas las acciones que desarrollas con base en esta creencia *(Estoy en pánico y estoy vendiendo mis acciones con pérdidas extremas/ Me preocupo día y noche)*

- Te preguntes de qué te acuerda esto que pueda ser el origen del esquema *(Me acuerda de una vez en que estaba pequeño y tenía hambre y mi madre estaba ebria y me ignoró/ Me acuerda de cuando mis padres se divorciaron y tuve que convertirme en el hombre de la casa)*

- Desafíes el esquema hallando evidencia en tu contra *(No voy a morirme de hambre; tengo dinero en el banco y amigos que me ayudarán./ He sido imperfecto y las personas aún me aman./ He hecho lo que quiero en muchas ocasiones; tan solo ayer mi esposa me preguntó qué película quería ver)*

Esto es un trabajo duro. Lo más importante aquí es volverte consciente de que tu esquema puede estar dirigiendo tu respuesta hacia el cambio que enfrentas y haciendo todo esto mucho más difícil. Puede estar interfiriendo con tu habilidad de ver la situación como en realidad es.

Cuando Debra entendió que su esquema de desconfianza había sido activado, le pidió a su socio que le ofreciera otras maneras de ver la situación. Esto le ayudó a responder a sus clientes de una manera que le generó varios negocios más.

Relaciónate con tu miedo

Si estás pasando por un infierno, sigue pasando
—Winston Churchill

Recientemente recibí un correo de Ted. Él es un consultor con el que ya he trabajado. Me estaba contando que acaba de perder a su cliente más grande y quería saber si yo sabía de algún trabajo que pudiéramos hacer juntos. Estaba haciendo lo adecuado para tal situación, buscando ayuda y trabajando en red con todo aquel que se le ocurriera. Lo conozco bien, así que decidí llamarlo a ver cómo le estaba yendo emocionalmente.

"Supongo que bien", respondió. "Estoy tratando de mantenerme lo más ocupado posible y no pensar en lo que podría pasar si no encuentro un empleo pronto. A veces me despierto a media noche lleno de pánico. Reproduzco en mi cabeza los peores escenarios una y otra vez y es difícil volverme a dormir".

Ted actúa como casi todos nosotros en una situación difícil. "Intentamos" no sentir miedo, pero nuestros miedos nos desvelan. Un amigo les llama los "tambaleos nocturnos". Los conozco íntimamente. Cuando mi editorial atravesaba por problemas financieros, cuando tenía dos casas, porque compré una antes de vender la otra (mala idea en retrospectiva), pasaba incontables horas tratando de no desesperar mientras todos mis miedos me inundaban.

Tratar de ignorar o de negar nuestros temores no funciona muy bien. Tampoco funciona convencerse de ello o que alguien más te convenza (mi ex intentó hacer eso durante catorce años sin éxito alguno). Aún siguen allí, bajo la superficie, esperando a que nos descuidemos para emboscarnos. Pueden salir a flote en la noche o en momentos extraños del día.

De cualquier modo, como ya los habrás descubierto, una estrategia de represión no funciona muy bien. Eso es porque, como ya he explicado, tenemos la parte lógica de nuestro cerebro que nos dice que no "debemos" estar asustados, y el sistema límbico, en particular la amígdala, que activa el mecanismo de respuesta de pelear o huir.

Así ocurre el desvelo en la noche. Cuando el neocórtex está dormido, la parte más primitiva de nuestro cerebro se abre paso con su señal de pánico, se liberan las hormonas de estrés y ahí estás tú, mirando el reloj.

Ya sea que tu situación te esté haciendo experimentar los tambaleos nocturnos o haciéndote sentir ansioso, enojado o atemorizado durante el día, hay un mejor camino que el pánico, aparentar o tratar de suprimir tus sentimientos. Se trata de relacionarte con tu miedo en lugar de rendirte a él o tratar de "controlarlo".

Hay una amplia variedad de maneras de hacer esto, pero he visto que el que mejor funciona es una meditación de cinco minutos llamada CREERSS, creada por Dwana. Fortalece la capacidad del neocórtex para intervenir en momentos en que la amígdala está activando el modo supervivencia. Puedes emplearlo cada vez que sientas miedo o ira, pues verdaderamente incrementa la habilidad del neocórtex de estar a cargo; es incluso mejor si lo haces cuatro veces al día: en conexión con las comidas o cuando te despiertas y antes de dormir. Incluso puedes poner una alarma en tu teléfono como recordatorio. Entre más lo hagas con regularidad, menos pánico experimentarás de día y de noche.

C – CUERPO

Incorpora la consciencia de tu cuerpo y haz un barrido corporal de pies a cabeza. Utiliza tu atención como una "linterna" para explorar tu cuerpo y notar, sin juicios ni comentarios, tus sentimientos y sensaciones. Por ejemplo:

"Mis pies están pesados, mi pecho estrecho, siento la cabeza como si estuviera siendo atornillada", etc.

R – RESPIRACIÓN

Toma tres respiros profundos. Cada uno de estos debe incluir una inhalación completa, una pausa entre la inhalación y la exhalación, una exhalación entera que deje salir lo viejo y, de nuevo, una pausa al final. Quédate suspendido un rato en el final de la exhalación. Fíjate en cómo la inhalación vuelve por su cuenta.

E – ESCUCHA EXTERNA

Escucha y presta atención a los sonidos a tu alrededor. Deja que tu escucha se vuelva receptiva, como si estuvieras respirando por tus orejas.

E – ESCUCHA INTERNA

Siempre nos estamos contando historias sobre nuestras situaciones. Esa es una de las cosas para las que está diseñado nuestro cerebro: recibir información y darle un sentido. Presta atención a las historias que te estás contando. Tan solo adviértelas, sin ningún juicio de por medio.

R – RECONOCE LAS HISTORIAS DEL "YO"

Reconoce las historias que te estás contando. "Reconozco que yo me estoy contando (completa tu historia del momento). Por ejemplo: "Oh, me estoy contando que yo nunca seré madre" o que "siempre voy a estar sola".

S – SENSACIONES

De nuevo, sin juzgar, nota las sensaciones que ocurren en tu cuerpo como resultado de esas historias. Por ejemplo: "Mi respiración se acelera, mi garganta se encoje".

S – SENTIDO

Finalmente, siente la vida que corre por tus venas y reconoce que estás vivo. Nombra algo por lo cual estés agradecido. El aprecio, como ya lo dije antes, te ayudará a alejarte de la reacción pelear o huir.

Llevar a cabo CREERSS con regularidad te ayudará a integrar tanto el cuerpo como la mente. Esta meditación trae consciencia a ambos de estos aspectos de tu ser, al igual que a tu realidad interna y externa. Te ayuda a bajar del tren de la angustia y los pensamientos agobiantes, y a experimentar, de una manera diferente, lo que te está sucediendo a un nivel de sensación y respiración en lugar de una historia. ¡Solo funciona si lo haces!

Envía una señal de ayuda

Me las arreglo con un poquito de ayuda de mis amigos
—The Beatles

Yo era una adolescente de diecisiete años atravesando por mi primer desamor. Recibí una carta en la que el muchacho del que había estado enamorada durante dos años me dejaba. ¡Sin duda era un cambio que yo no esperaba! Sin pensarlo, tomé el auto de mi mamá y manejé durante media hora a la casa de dos de mis profesores. Sabía dónde vivían, pues habíamos tenido una reunión allí. No se encontraban en casa, así que me quedé esperando hasta que volvieron. Me dieron té y simpatía mientras yo derramaba mi corazón. Desde entonces, hemos sido amigos.

Seguir ese impulso fue una de las cosas más inteligentes que he hecho. No solo porque me ayudaron con mi dolor, no solo por nuestra profunda conexión, sino porque aprendí una lección fundamental que me ha mantenido en un buen lugar durante los últimos cuarenta años. Cuando una ola de cambios inesperados golpea, corre tan rápido como puedas en busca de ayuda, ya sea de un amigo, un colega, un mentor.

Hay tres tipos de apoyo que otras personas te pueden dar según los psicólogos sociales: apoyo tangible, como dinero, comida y refugio; consejos y ayuda para resolver problemas; y escucha empática. Piensa en cuál de estos te es más útil ahora y quién te lo puede ofrecer.

Estudios de resiliencia han probado una y otra vez que las personas que prosperan buscan apoyo en los demás. No temen a revelar las dificultades por las que están pasando y son buenas escogiendo personas con las cuales entablar amistad. Esto no es tan difícil como parece. Francamente, la razón por la cual manejé hasta la casa de esos profesores en particular fue porque sabía dónde era. Creería que la mayoría de las personas que conoces estarán dispuestas a oírte. Solo se requiere ser lo suficientemente valiente —o, en mi caso, estar lo suficientemente molesto— como para que no te importe parecer un tonto o un fracasado. ¿Se te viene alguien a la mente? Si no, arriésgate, como lo hice yo, e intenta con un conocido que te parezca que te dará apoyo. Lo más probable es que te sientas mejor. Si no, inténtalo con alguien más.

Este es uno de los campos en los que las mujeres tienen ventaja sobre los hombres. Recientemente, se ha descubierto que, durante la etapa de respuesta al estrés, cuando las hormonas que desencadenan el reflejo de pelear, huir o congelarse son liberadas, las mujeres secretan otra hormona, oxitocina, lo cual nos da opción de respuesta: relacionarnos con los demás. La psicóloga social de UCLA Shelley Taylor le llama la respuesta de cuidar y ser amigo. Gracias a esta tendencia intrínseca, las mujeres buscan a otras personas con más naturalidad cuando los tiempos son duros. Los hombres son otra historia. Ellos tienden a aguantarse solos, de manera ruda. Si necesitas más argumentos para convencerte de que revelarte y exponer tus problemas es bueno para ti, considera los resultados de estos tres estudios fascinantes:

Investigadores le dieron a dos grupos de personas la tarea de cargar morrales pesados montaña arriba. Los individuos de un grupo debieron hacerlo solos; los del otro, con amigos. Antes de llevar a cabo la tarea, a cada grupo se le pidió clasificar la dificultad de esta. ¿Y adivina qué? Las personas que estaban solas clasificaron la tarea más dura que aquellas que tenían amigos. En un estudio similar, cuando a las personas se les pedía estimar el peso de una caja llena de papas, aquellos que creían que iban a tener ayuda levantándola estimaban un menor peso que aquellos que iban a llevar a cabo la tarea por sí solos.

Finalmente, cuando a unas personas se les pidió estimar la pendiente de una montaña, les parecía menor cuando estaban en compañía de otros. Lo que todo esto quiere decir es que tener a alguien a tu lado hará que tu desafío parezca menor. ¿No es ese un impulso que a todos nos vendría bien más o menos ahora?

CÓMO PUEDEN AYUDAR LOS AMIGOS

Como lo descubrió mi amiga Kate, los amigos te pueden ayudar a salir de la negación y pasar a la acción. "Más o menos ocho meses después de que se acabara mi matrimonio", escribió, "tuve que mudarme, y los gastos que eso implicó fueron altos. Yo estaba luchando por sacarlo todo adelante. Estaba hablando con una amiga, y me preguntó si ya había solicitado una valoración de mi anillo de compromiso. Era un gran diamante que valía mucho dinero. Dije que no quería venderlo, que lo estaba guardando para una emergencia. Ella me dijo: "A ver si entiendo, ¿lo estás guardan do para un día lluvioso? Cariño, ¡está diluviando! Era todo lo que me hacía falta para vender ese anillo y mudarme".

Si estás disperso, reconócelo

La aceptación no es un estado de pasividad o inacción
—Peter McWilliams

Dwight es un emprendedor dueño de una empresa de relaciones públicas. Hay mucho que debería estar haciendo de forma proactiva, me dice, pero, en cambio, curiosamente, se halla haciendo muy poca cosa: no se pone en contacto con clientes potenciales, no devuelve las llamadas telefónicas con prontitud.

Escucho cosas similares por parte de otras personas: que, a medida que enfrentan la incertidumbre, ya sea por la reorganización dentro una gran compañía o por la posibilidad de despido en una pequeña, justo cuando deberían hacer su mayor esfuerzo para incrementar las posibilidades de tener éxito, hay un bajón general en la calidad del trabajo. ¿De qué se trata eso?, me preguntaba.

Luego leí las investigaciones de Robyn R.M. Gershon en la Universidad de Columbia que demuestran que, durante un desastre, hay una fase en la que nos demoramos en actuar, porque no estamos seguros de si tenemos que responder o cuál podría ser la acción correcta. Divagamos mientras que nuestros cerebros, buscando una secuencia, intentan reunir más información para tomar una decisión.

Estar disperso causa retraso. De acuerdo con una encuesta del Instituto Nacional de Estándares y Tecnología, el tiempo promedio en que los sobrevivientes del 11 de septiembre evacuaron el *World Trade Center* fue de seis minutos, pero algunos esperaron casi 45. En lugar de solo salir, las personas primero llamaron a amigos y familiares. Algunos incluso se tomaron el tiempo de apagar sus computadores.

En una emergencia, la persona con quien te encuentras puede hacer la diferencia entre la vida y la muerte. Si tienes suerte, hablarás con alguien que te diga: "Debemos actuar ahora mismo".

Aunque puede que no estés en una emergencia de vida o muerte, donde el tiempo es esencial, es bueno tener consciencia de si estás enredado en una dispersión que interfiere con tu habilidad de actuar. ¿A veces te encuentras desvariando? ¿Delegando proyectos a los demás? ¿No eres proactivo en las reuniones, no haces las cosas importantes que debes hacer, te tomas una semana en hacer lo que deberías hacer en un día? O quizá estás haciendo lo que los psicólogos Salvatore Maddi y Deborah Khoshaba llaman enfrentamiento regresivo: hacer frente a cosas "irrelevantes a la tarea" que resultan en "algún alivio momentáneo... que en muy poco remedia los problemas".

Si te das cuenta de que tienes algunos de estos comportamientos, pregúntate: "¿Qué necesito para pasar a la acción? ¿Más información? ¿Una persona con la cual hablar que tenga la experiencia y la perspectiva para llevar mi cerebro a obtener lo que necesita para ponerse en marcha?".

Un amigo, temeroso de ser despedido, se halló un día en ese estado. "Una vez caí en la cuenta de que estaba en modo perder-tiempo, busqué a un colega en el departamento de finanzas que me dijo: "Siempre hacemos reducciones salariales antes de cualquier despido y ni siquiera estamos hablando de aquello". Eso fue todo lo que necesité para volver a mi escritorio y sacar de un tirón las cinco cartas de venta en las que había estado procrastinando todo el mes".

En lugar de castigarte por procrastinar o ser perezoso, debes entender que la dispersión es una respuesta humana natural frente a la crisis. Es una señal para que averigües lo antes posible lo que necesitas hacer.

Es bueno quejarse y protestar, pero no por siempre

Es una pérdida de tiempo estar de mal genio con mi discapacidad. Uno debe seguir adelante con la vida y a mí no me ha ido mal. Las personas no tendrán tiempo para ti si siempre estás enojado o quejándote
—Stephen Hawking

Karen es una ama de casa madre de tres niños con una niñera interna, algo muy común donde ella vive. Esto le permite llevar a cada niño a una actividad sin tener que llevar a los otros dos a donde va, y también le da algo de tiempo libre para uno que otro mandado. Su esposo le ha dicho que deben recortar gastos y que, por lo tanto, la niñera se tiene que ir.

Karen está devastada. Se resiste a ver que quizá hay otra manera de llevar su vida diaria. No considerará contratar una niñera durante el día, porque ninguna persona del vecindario "hace eso". Ella "no puede" cuidar a los tres niños por sí sola sin tener que hacer serios sacrificios y no está dispuesta a hacerlo. Está furiosa con su marido y han llegado a un punto muerto. Mientras tanto, sin importar lo molesta que esté Karen, la niñera se va a ir a fin de mes. Karen necesita hacer un plan, y rápido, pero no puede salir del "esto no es justo", la fase de ira del proceso de duelo.

Como escribí arriba, cuando el cambio inesperado nos golpea, pone en marcha una serie de sentimientos a menudo dolorosos: ira, tristeza, miedo. Nuestros sentimientos son válidos y es bueno expresarlos, quejarse y protestar, patalear y oponerse. Es apropiado dejarlo salir por un rato.

Con todo, después de un determinado punto, podemos quedarnos atrapados en nuestros sentimientos, lo cual se atraviesa en el camino de aceptar el cambio y seguir adelante. La ira se vuelve amargura; la depresión, permanente letargo. Este atasco suele ocurrir cuando las personas asumen que aceptar lo que ocurre implica que eso les guste. No es así. Tienes derecho a no sentirte a gusto con lo que pasa. Sin embargo, está pasando. No, no es como imaginaste que sería tu vida, pero es un hecho. Y no, no está bien, pero es un hecho. La aceptación tan solo se trata de reconocer la verdad de la situación, no de aprobarla. La diferencia es crucial.

Curiosamente, podemos estar programados para notar que las cosas no son justas. Las investigaciones de Friederike Range de la Universidad de Vienna indican que tanto los perros como los monos responden a la inequidad negándose a participar. Si a un perro no se le recompensa por hacer un truco y ve que a otro sí, no lo hará de nuevo. Puede que incluso se vaya y se niegue a mirar a la persona que ha sido injusta.

Para los humanos, la dificultad potencial es caer en una mentalidad de víctima. Las víctimas se quedan atascadas y se rehúsan a adaptarse. Sin ser conscientes de ello, están tomando una decisión, la decisión de quedarse inmóviles.

Eso fue lo que le pasó a Karen. En lugar de encontrar una forma nueva de cuidar de sus hijos, está en peligro de acabar con su matrimonio. Lo que resulta fascinante de la victimización es que, como lo señala Hawkin, hace que las personas se alejen. Por eso, un amigo mío dice: "Puedes ser la mejor víctima, pero tendrás el peor futuro". Me imagino que estarás pensando, ¡ojalá fuera tan afortunado de tener el problema de Karen! Me encantaría tener la posibilidad de quedarme en casa con mis hijos. Eso es fácil decirlo desde afuera. Sin embargo, desde adentro, nuestros problemas se sienten como se sienten. No estoy sugiriendo que ignores o suprimas tus sentimientos. Con todo, hay una diferencia entre sentir tus emociones y creerles. Como nuestros sentimientos pueden surgir a partir de esquemas del pasado, con frecuencia suelen mentir. La emoción es real; la historia que hay detrás tal vez no. Así, nuestros sentimientos nos piden que nos relacionemos con ellos como lo haríamos con un niño que está pasando por algo difícil. Cuando un niño no consigue lo que quiere, en un principio somos amorosos y cuidadosos con él, y luego le damos sugerencias para que se sienta mejor y siga adelante. Podemos relacionarnos con nosotros mismos y evitar la trampa de la victimización.

TRANSFORMA EL "NO PUEDO" EN "NO LO HARÉ"

Cuando las personas hacen sugerencias sobre cómo podrías lidiar con tu situación, ¿sueles quedarte varado en lo que no puedes hacer?: "No puedo contratar a alguien en el día"; "No puedo renegociar mi acuerdo de divorcio"; "No puedo lavar mis propios baños"; "No puedo aprender a hacer otro trabajo". Intenta esto, en lugar de lo anterior, di que no lo harás: "No voy a renegociar mi acuerdo de divorcio"; "No voy a lavar mis propios baños"; "No voy a aprender a hacer un trabajo nuevo". Suena distinto, ¿no es así? ¿Puedes ver que en realidad es una decisión que estás tomando? ¿Qué mejor decisión podrías tomar?

Pon al desafío, al control
y al compromiso en su lugar

*Todo el estrés es el resultado de sentir que no tienes
otra opción sobre algo. Tan pronto reconozcas que hay
otras opciones inherentes a tu situación, recuperarás la
sensación de tener el control y el sentimiento de estrés
empezará a desaparecer*
—Bill Cumming

He estado trabajando con Diane, una mujer ciega de nacimiento llegando al final de sus cuarenta, que está pasando por un cambio que no esperaba. Su esposo, que la mantenía, murió de repente. Por primera vez en su vida, tuvo un trabajo, solo para ser despedida cuando la economía tuvo su caída en picada en el 2008. Cuando empezamos a trabajar juntas, me dijo que, estadísticamente, incluso en buenos tiempos, solo el 20% de las personas ciegas son contratadas.

Los psicólogos Suzanne Kobasa y Salvatore Maddi son expertos en resiliencia. En un estudio de cambio practicado a ejecutivos de AT&T durante una reorganización, al igual que en un análisis de otros cuatrocientos estudios, se encontró que aquellos que más prosperaron fueron quienes incorporaron de manera exitosa el desafío, el control y el compromiso:

- **Desafío:** En cualquier cambio que les llegaba, veían una oportunidad de crecer y aprender y dejaban ver su optimismo por el futuro.

- **Control:** Creían tener una buena influencia sobre sus vidas y los eventos a su alrededor, y emprendían acciones para hacer que eso fuera cierto. En lugar de caer en la pasividad, buscaban las cosas que podían controlar y trabajaban en ellas. Encarnaban la "Oración de serenidad" de alcohólicos anónimos y otros programas de doce pasos: "Dame la serenidad para aceptar las cosas que no puedo cambiar, el coraje para cambiar las cosas que puedo y la sabiduría para ver la diferencia".

- **Compromiso:** Les apasionaba la vida y creían ver en ella un significado mayor que la mera supervivencia. Se mantenían en contacto con personas y eventos, incluso cuando los tiempos se ponían duros.

Estas tres cosas, como Kobasa y Maddi lo explican en su libro *Resilience at Work*, "aportan a la valentía y la motivación necesarias para hacer el trabajo duro pero importante de utilizar las circunstancias estresantes a tu favor".

Desarrollar resiliencia puede darte una enorme ventaja. De acuerdo con Al Siebert del Resiliency Center y autor de *La resiliencia*, las investigaciones muestran que las personas resilientes perciben el cambio como algo menos intimidante, tienen una respuesta de estrés menor (menos hormonas de estrés y una tensión más baja) y reaccionan de una manera más creativa. Es más probable que los contraten, tienen una probabilidad más alta de conservar sus empleos durante un recorte de personal, son más capaces de aprender nuevas habilidades cuando su trabajo es suprimido, tienen más posibilidades de ayudar a sus familias y comunidades en tiempos difíciles y un menor chance de enfermarse por estrés. ¡Inscríbeme!

Le pregunté a Diane por sus experiencia con el desafío, el control y el compromiso. Diane tiene una fuerte voluntad de asumir un desafío. Había estado viviendo sola en la casa donde vivió con su marido hasta que él murió hace tres años, aunque sus padres le habían estado rogando que se mudara al otro lado del país con ellos. Ella estaba dispuesta a viajar por el mundo. "Veo esta situación como una oportunidad de aprender a ser aún más independiente", me dijo.

"Genial", respondí, convencida de que había dado en el clavo del desafío. Siguiendo con el control, le pregunté: "¿Qué puedes hacer con tu necesidad de tener ingresos?". "Por supuesto que me interesaría un trabajo, pero las posibilidades no pintan bien ahora mismo. Vivo en una casa grande cerca de varias universidades. Podría arrendarles habitaciones a estudiantes. Creo que puedo conseguir lo suficiente para vivir si vivo de manera sencilla hasta hallar un trabajo". Y eso es exactamente lo que hizo, al igual que acudir a todo el mundo que conocía para hacerles saber que estaba buscando un trabajo.

Cuando le pregunté por sus pasiones, rápidamente se hizo evidente que se preocupaba mucho por ayudar a los jóvenes con discapacidad a utilizar nuevas tecnologías. La animé a buscar trabajo en esa área. Ahora mismo ella está poniéndose en contacto con compañías con un amplio historial de contratación a personas en situación de discapacidad, para ver si tienen algún interés en la ejecución de un programa de tecnología.

Diane es la prueba viviente de que conectarse de manera profunda con el desafío, el control y el compromiso es un poderoso recurso para recuperarse de la adversidad. ¿Qué tal te va a ti con estas tres cosas?

Desafío: ¿Cómo puede ser este cambio una oportunidad de crecimiento para ti? Si no conoces la respuesta, al menos comprométete con hacerte la pregunta a diario. Está bien empezar con algo pequeño o tonto: "Ahora que no tengo un trabajo, ya no debo vestirme así de formal. Puedo cocinar más". O ve hacia a las grandes respuestas: "Finalmente puedo admitir que odio ser un abogado".

Control: ¿Qué puedes controlar aquí? ¿Qué acciones puedes llevar a cabo para tener más control? Incluso si este cambio *te está pasando a ti*, siempre hay cosas que puedes controlar si tan solo, como lo apunta Vicktor Frankl en *El hombre en busca de su sentido*, controlas el sentido que le das al evento y tu respuesta a él.

Compromiso: ¿Qué te importa profundamente? ¿Qué le da sentido y propósito a tu vida? ¿Qué te da ánimo? ¿Cómo puedes relacionarte más en este momento con esas cosas?

Piensa en esos tres aspectos como un soporte. Te ayudarán a hallar un balance para subirte a las olas del cambio.

¿QUÉ PUEDES CAMBIAR QUE ESTÉ BAJO TU CONTROL?

Entrevistando un gran número de personas para este libro, descubrí que, cuando se vieron envueltas en situaciones sobre las que no tenían control, intentaron hacer cambios en cosas sobre las que sí lo tenían, como ponerse en forma, cambiar de apariencia o atender en un servicio de beneficencia. Ahora mismo, piensa en un cambio que puedas hacer en tu vida personal, espiritual, de pareja o concerniente a tu salud. Escoge la que te parezca más atractiva. Luego, ve por ella. ¡Te sentirás mejor!

Escoge con cuidado dónde pones tu atención

Hay tres tipos de mentiras: las mentiras, las condenadas mentiras y las estadísticas
—Benjamin Disraeli

"Me había dedicado a mirar constantemente MSNBC y otros portales web de noticias", dijo Lee, "hasta que un día me di cuenta de que no le estaba haciendo nada bien a mi salud mental mirar eso una y otra vez. Me hacía temer que el mundo se cayera a pedazos. Ahora solo veo noticias una vez al día, y esto ha hecho maravillas en mi estado de ánimo".

Como lo descubrió Lee, las noticias se enfocan en lo negativo, lo extraordinario y lo sensacionalista. Esto no nos hace mucho bien en tiempos de cambio. Por ejemplo, mientras escribo, los titulares le dan resonancia a un reporte que dice que el 14.8% de la población está desempleada: sin trabajo, han decidido dejar de buscar o toman trabajos temporales, porque no consiguen nada estable. Eso representa a millones de personas, y mi simpatía va hacia todos los que lidian con los desafíos que ese número representa. ¿Pero qué pasaría si los noticieros lo reportaran de la manera inversa: que el 85.2% de la población está empleada? ¿Cómo afectaría eso en lo que pensamos del país? ¿Qué hay del hecho de que el 30% de nosotros somos propietarios totales y, por lo tanto, no nos vemos afectados por la crisis hipotecaria? Apuesto a que nunca has oído de eso en los medios. Me parece ver el titular: "Un tercio de los propietarios no tiene de que preocuparse".

Recordé la importancia de mantener una perspectiva cuando uno de mis clientes me dijo que había puesto su casa a la venta y compró un condominio que no dependía de la venta de su casa. Caray, pensé para mis adentros con mi mente llena de historias de venta de casas que se han venido al suelo. ¡Craso error! Terminará con dos propiedades que no puede vender y ninguna alternativa para pagar ambas.

Un mes después, me contó que había vendido su casa apenas por un poco menos del precio que pedía y que había obtenido una tasa hipotecaria mucho más baja en el nuevo lugar que en el viejo. Ahora está en una mejor posición al haberse ido por lo que quería. Las estadísticas que reportan los medios cuentan una historia, pero no toda la historia y no necesariamente la historia de cualquier individuo. Sí, las ventas de finca raíz han bajado, pero no quiere decir que no puedas vender tu casa. Sí, es difícil encontrar un trabajo, pero eso no quiere decir que no puedas conseguir uno. Sí, las compañías están haciendo recortes (¡de nuevo!), pero eso no quiere decir que necesariamente vayas a perder tu empleo.

En cualquier momento dado, tienes la libertad de poner tu atención donde quieras. Puedes enfocarte en todas las malas noticias, lo cual seguramente te creará un sentimiento de desesperanza, o puedes enfocarte en lo que quieres hacer en realidad, lo cual crea energía y acción. ¿Qué te ayuda a hacer lo último? Para mí, se trata de limitar mi fijación en los medios y recordarme, de manera consciente, que lo que estoy escuchando o leyendo es solo una parte de la realidad, no toda la historia.

¿QUÉ ANIMAL ESTÁS IMITANDO?

Michael Neill, autor de *You Can Have What You Want,* sugiere que en estos tiempos estamos reaccionando con temor a los medios como alguno de estos animales:

Ratón de campo: siempre alerta a los predadores, pasando una enorme cantidad de tiempo preocupándose por escenarios aterrorizantes como: "¿Qué pasa si el gobierno colapsa? ¿Qué hago si esta crisis dura diez años?".

Avestruz: enterrando nuestras cabezas en la arena en absoluta negación. "El acto en sí revela el miedo detrás de él", señala. "No entierras tu cabeza en la arena... a menos que en verdad estés asustado".

Zorro: actuar como un carroñero que busca beneficiarse de los infortunios de los demás, alimentado por el miedo. "El hecho de que hoy tengo un estómago lleno no quiere decir que mañana vaya a ser igual".

En lugar de eso sugiere que imitemos al león, que casa en grupo, "lo cual permite máximos resultados por el menor esfuerzo" y que, en vez de acaparar, no solo comparte con la manada, sino que deja algo para otros animales.

Evita la vergüenza recordando que cualquiera puede atravesar por dificultades

Nunca construyas un caso en tu contra
—Robert Rowbottom

¿Recuerdas el frenesí de noticias cuando la casa de Ed McMahon, el excompañero de Johnny Carson, fue embargada? Se había lastimado el cuello hacía un tiempo y ya no podía trabajar como asistente, por eso no pudo hacer los pagos de su mansión y no le fue posible venderla debido a la depresión en el mercado.

Cuando leí sobre Ed, tuve dos reacciones. Mi corazón se solidarizó con él y su esposa. Y mi cabeza pensó que sí, puede pasarle a cualquiera. Nadie es inmune a que una serie de circunstancias se unan e irrumpan no solo en el presente sino en el futuro. En el caso de Ed, se trató de una lesión que se juntó con un bajonazo en el mercado.

¿Por qué es importante recordar esto? Porque cuando un cambio impactante nos ocurre, una de nuestras primeras reacciones suele ser la vergüenza: "Todo es mi culpa". Y eso no nos sirve, pues la vergüenza es una emoción que nos hace querer escondernos en un hueco durante una o dos décadas, en lugar de llevar a cabo las acciones positivas que debemos para salir del desastre.

Estoy pensando en el caso de un vendedor que fue despedido hace seis meses. Joe empezó a trabajar conmigo recientemente. Se sentía tan avergonzado de perder su trabajo, que no había hecho nada para encontrar uno nuevo. "No quiero admitir que me echaron", dijo. Lo reté a darme tres posibles explicaciones, que no tuvieran nada que ver con él, de por qué había ocurrido eso. "Bueno", respondió, "primero, la compañía no ha mejorado el producto y por eso la competencia tiene uno mejor. Segundo, yo nunca había tenido ninguna experiencia en ventas, y de hecho fui contratado en otro puesto y nunca recibí entrenamiento en esta área. Y tercero, en general la economía está mal, y por eso las personas no están comprando estas cosas. Hmm... quizá después de todo no soy un perdedor".

He aquí por qué la vergüenza es algo mortal. Una vez que Joe entendió que no todo era su culpa, fue capaz de hacer algunas llamadas a su red. En la primera de ellas, la otra persona dijo: "Ojalá me hubieras dicho antes. Acabo de contratar a una persona para un trabajo en el cual te hubiera preferido mucho más a ti". Joe perdió una nueva oportunidad, porque el hecho de culparse a sí mismo le creó una parálisis de meses.

Esto no quiere decir que no aceptemos nuestra responsabilidad en lo que ha ocurrido. Quizá Joe debió haber insistido en recibir entrenamiento antes de aceptar ese trabajo en ventas, por ejemplo. Pero, aún si tuvimos una buena parte de la responsabilidad, es fundamental tener presente que dimos lo mejor de nosotros con la información que teníamos en el momento. Por ejemplo, Ed McMahon hizo mucho dinero durante décadas. ¿Entonces no era lógico que siguiera haciéndolo?

Uno de nuestros desafíos durante el cambio es no personalizar demasiado el cambio. Ocurren cosas que no esperamos y, con frecuencia, estamos a la merced de las fuerzas, como el mercado de bienes raíces que, en definitiva, están más allá de nuestro control. Cuando recordamos que los contratiempos le ocurren a los mejores (y más ricos) de nosotros, permanecemos lejos de la vergüenza y podemos tomar cartas en el asunto. Toma la valiente decisión de hablar con otros sobre tu situación, incluso si no sientes ganas de hacerlo. Un amigo que hace unos días puso su negocio en manos de otra persona, me dijo: "Una vez puedes sacarlo de tu cabeza, ya no es tan preocupante. Además, las otras personas tienen muy buenas ideas que pueden ser de gran ayuda".

¿DESPEDIDO? ¡VOY DESPEDIDO AL INFINITO!

"Fui despedida hace poco", dijo Catrina. "En un principio, caí en una mala racha. Luego aprendí que muchas de las mejores personas en negocios han sido despedidas y han vuelto a la cima. Eso me hizo sentir confiada y desafiante. Estoy determinada a volver más fuerte que nunca. ¡Les mostraré que cometieron un gran error al dejarme ir!"

desperdicies tiempo o energía preciosa en culpar

No me echo la culpa: acepto
—W. Somerset Maugham

Hace poco estaba en el teléfono escuchando una reunión del equipo de liderazgo de una pequeña empresa a la que le presto mis servicios de consultoría. Sally, la directora de mercadeo, acababa de decir que, debido a un error, no podrían sacar el anuncio que querían. Siendo una persona que se adapta bien, Sally presentó dos alternativas: o un viejo anuncio o un retoque de redacción al nuevo, y debía hacerse ese mismo día para cumplir con el plazo.

En lugar de aceptar el cambio y escoger la mejor alternativa, el líder enfatizaba una y otra vez en las circunstancias que llevaron a este error, haciendo acusaciones y quejándose por no conseguir lo que quería. Su negocio está en una profunda crisis financiera y, aun así, en lugar de mantener una perspectiva, gastó casi una hora quejándose sobre un problema pequeño. Violó una de las principales reglas de los maestros del cambio: olvídate de la culpa, acepta lo que pasa y busca la mejor solución. Después de eso, decide si volver sobre la situación te dará alguna lección valiosa. Si así es, está bien volver la vista, pero solo si tu motivación es aprender para el futuro. Así las cosas, no es la culpa sino la reflexión lo que promueve un mejor desempeño.

Aprendí este principio cuando era una joven empleada en un periódico semanal de mi mentor Will Glennon. Carecíamos de personal y de fondos; siempre había alguien o algo que no funcionaba bien. Él era un modelo de gracia mientras apagaba incendios aquí y allá, dando soluciones temporales sin señalar nunca a nadie. Observé y aprendí su estilo. Más tarde, él y yo fundamos Conari press sin ningún capital en absoluto y nos valimos de esta capacidad para aceptar y adaptarnos rápidamente hasta construir una compañía de seis millones de dólares que, en un punto, fue catalogada por Publishers Weekly como una de las casas editoriales con más rápido crecimiento en los Estados Unidos.

Culpar a alguien más siempre es tan tentador. He notado que una de las cosas que las personas hacen cuando un cambio difícil las golpea es preguntarse: "¿Por qué está pasando esto? Alguien tiene que tener la culpa". No queremos que sea nuestra culpa, así que encontramos a otro responsable: "Oh, es la culpa de Mary, no la mía, así que me puedo sentir un poco mejor sobre el lío en el que estamos". Nos hace sentir mejor tener una razón distinta a nosotros mismos. Con todo, señalar a otros tiene consecuencias imprevistas que comprometen la comprensión.

En *The Unthinkable*, Amanda Ripley señala que las personas que tienden a sobrevivir a catástrofes como incendios, inundaciones, bombardeos, secuestros, etc., aceptan rápidamente lo que está ocurriendo y, por lo tanto, actúan más rápido que los demás. La culpa es uno de esos sentimientos humanos que interfiere con la aceptación. No puedes darte el lujo de perder el tiempo y la energía mental que toma culpar, mucho menos el de pelear con los demás que quieren señalarte. Tienes cosas más importantes que hacer. Cuando una ola inmensa está a punto de golpear tu embarcación, no es una buena idea ponerse a discutir quién tiene la culpa de estar sentados en un bote y no en un buque de guerra. ¡Lo que necesitan es unirse y remar como locos!

Cuando te des cuenta que tu mente anda buscando a quién culpar, recuerda lo que Confucio dijo hace siglos: "Sobre las cosas que ya están hechas, no hace falta hablar. Sobre las cosas pasadas, no hace falta culpar".

RESPONSABILIDAD, NO CULPA

En lugar de señalar ("es tu culpa") o derrumbarte en vergüenza ("todo es mi culpa"), lo que podemos hacer es asumir la res ponsabilidad por lo que hayamos contribuido a la situación. En su nuevo libro *Sentirse bien,* David Burns suguiere que digas algo como: "Intentaré identificar los errores que he cometido para así aprender de ellos y emprender acciones para enmendar la situación". Entonces, invita a los demás involucrados a hacer lo mismo.

Arrepiéntete bien

Arrepentirse profundamente es vivir de nuevo
—Henry David Thoreau

Tom y Latitia eran una pareja joven y felizmente casada cerca de sus treinta, cada uno ocupado en su carrera y disfrutando de su relación. Cuando llegaron al momento de empezar una familia en la mitad de sus treinta, se encontraron con problemas de fertilidad. Latitia no ha podido quedar embarazada a pesar de intentarlo durante dos años y luego de dos costosos tratamientos *in vitro*. Ahora ambos se están culpando por no haber tomado la decisión de tener hijos antes, aunque no había ninguna manera de que supieran cómo iban a ser las cosas. Latitia, en particular, se arrepiente de no haberlo intentado con anterioridad.

Si tan solo hubiera... ¿Por qué lo hice? ¿Por qué no lo hice? Todos conocemos la dolorosa experiencia del arrepentimiento. Se siente terrible volver sobre las decisiones que tomamos y desear haber hecho otra cosa. La retrospección siempre es 20/20. Sin embargo, tenemos que vivir hacia adelante y tener compasión con nosotros por no ser videntes. ¿Qué de bueno puede traer apalearnos por cosas que no podíamos saber en el momento? Hicimos lo mejor que pudimos con lo que teníamos.

Sin embargo, el arrepentimiento debe servir a algún fin adaptativo o, de lo contrario, el cerebro no habría desarrollado la capacidad de hacerlo. El profesor de psicología Neal Roese ha escrito un libro sobre el tema titulado *If Only*. Él dice que el pensamiento tipo: "Y si..." y "Si tan solo..." es una herramienta biológica diseñada para asegurar la supervivencia, existe en nosotros para mejorar nuestras vidas.

"Es un componente clave de un silencioso y efectivo sistema cerebral por medio del cual las personas comprenden la realidad, aprenden de los errores, avanzan hacia adelante y alcanzan una mejora de sus circunstancias", escribe Roese. "El arrepentimiento es tan necesario para el éxito como lo es comer. Con todo, igual que ocurre con la comida, los problemas surgen cuando hay carencia o exceso. Es cierto que puedes sufrir muchos arrepentimientos, en lo cual resulta importante dejar las cosas en el pasado y seguir adelante con tu vida. También puede pasar que te arrepientas de muy pocas cosas. Negar los mensajes de tus propias emociones puede implicar la persistencia de comportamientos contraproducentes al igual que la pérdida de oportunidades de crecimiento y renovación".

Entonces, ¿cómo debes manejar el arrepentimiento para que aprendas las lecciones y no te quedes varado en el sentimiento? Roese ofrece seis estrategias:

Siente el arrepentimiento y utilízalo como un resorte hacia la acción. De acuerdo con Roese, las investigaciones demuestran que los emprendedores exitosos son particularmente buenos en esto, empleando los errores para mejorar sus productos, servicios y organizaciones.

Encuentra más de una razón que explique lo ocurrido. Sí, compraste dos casas, pero hubo personas que te lo permitieron, los bancos son ambiciosos, etc. Hallar los posibles factores puede ayudarte a completar la lección.

¿Cómo podría ser todo esto peor? Enfocarte en cómo lo que te pasó podría ser peor te da un chorro de sentimientos positivos y te ayuda a mantener una perspectiva más amplia.

No gastes mucho tiempo pensando en todas las cosas que debiste hacer. Resulta que es bueno pensar en algunas, digamos tres, pues te ayuda a sentir que tienes el control. Esforzarte por saberlas todas te hace sentir perdido.

Cuéntale a alguien más, ya sea personalmente o por escrito. "Contarle a otras personas puede ser saludable, reducir las visitas al médico, fortificar tu sistema inmune e incrementar tu satisfacción de vida", escribe Roese. Particularmente, se ha hallado que escribir un blog es efectivo, pues te provee una manera regular de reflexionar, aumentar tu autoconsciencia e integrar la experiencia.

Mantente enfocado en el plano grande. Como el cerebro tiende a reducir su enfoque bajo sensaciones de estrés, puedes terminar enfocándote demasiado en el problema y en tu arrepentimiento. Cuando te mantienes concentrado en el plano grande, "en los objetivos generales para ti, tu familia y tu organización... el arrepentimiento puede jugar a tu favor en su más alto grado de utilidad".

Cuando Tom y Latitia hicieron este proceso de reflexión, terminaron entendiendo que ser padres era para ellos más importante que dar a luz a un bebé. Decidieron adoptar a un niño en los Estados Unidos y ahora son los padres de un hermoso varón de tres años.

"VOY A SEGUIR ADELANTE"

Allena Hansen ha sido atacada salvajemente por un oso, ha perdido su casa en un incendio y se ha roto la espalda al caerse de un caballo. Ahora escribe en el blog opensalon.com como una manera de sanar y alejarse del arrepentimiento y la amargura. Recientemente, en la revista O, explicó cómo ha logrado sobreponerse a todo esto. "Cuando lo has perdido todo, como yo, eventualmente te vuelves algo...existencial. Simplemente dices: 'Esto está pasando', porque todo lo que tienes es el ahora. Tu opción es aceptarlo o rendirte y morir. Yo voy a seguir adelante".

Experimenta el confort de perdonar

La vida en es una aventura en el perdón
—Norman Cousins

Cuando el mercado de valores se desplomó en 2003 y perdí una tercera parte de mis ahorros, fue muy duro sobreponerme al hecho de no haber podido ver que esto venía. Alguna parte joven de mí aún creía que debía ser todopoderosa y saberlo todo. Es una forma de pensamiento mágico que muchos de nosotros ha desarrollado como resultado de haber crecido en familias con problemas, en las cuales debimos cargar con una gran responsabilidad emocional, circunstancial e incluso financiera desde una temprana edad. Nos parece que somos responsables y "debemos" ser capaces de predecir el futuro y resolver todos los problemas.

Este pensamiento mágico es, por supuesto, una mentira que se atraviesa en el camino de aceptar nuestros errores, aprender de ellos y seguir adelante. Una mentira que nos hace volver una y otra vez sobre expectativas irracionales e incluso ridículas.

Estaba pensando en esto hace poco mientras leía una entrevista con el economista Dennis Jacobe en *Gallup Management Journal*, a quien le preguntaban por qué las personas no vieron venir la reciente crisis económica. Él respondió: "Hay un principio en economía del comportamiento llamado 'exceso de confianza' que implica creer que uno sabe lo que va a pasar a futuro más allá de lo que puede justificarse por medio de la información disponible. Yo creo que el 'exceso de confianza' dominó las percepciones de la gente durante los últimos años. Nadie pensaba que los precios de la finca raíz podían desplomarse. Todo el mundo pensó que el Sistema de Reserva Federal y el Departamento del Tesoro podrían contener las consecuencias financieras de la debacle de financiamiento hipotecario. Nadie parecía pensar que pudiera dudarse del moderno sistema financiero. Casi todas estas creencias universales terminaron estando mal... Los economistas eran tan culpables del exceso de confianza como lo era todo el mundo".

¡Wow!, pensé, si las personas que dedican su vida a esto pueden cometer un error tan grande, tiene sentido que nosotros, que estamos enfocados en otras cosas y entrenados en áreas por entero distintas, no tuviéramos la menor idea. De repente, sentí mi corazón ablandarse. Mentes superiores a mí también se equivocaron, ¿entonces por qué pensar que me debió haber ido mejor que a ellas? Sentí el alivio del perdón cuando dejé de apalearme por mi propio error de novata. Me vi a mí misma a través de los ojos de la compasión, un ser humano perfectamente imperfecto haciendo lo mejor que podía con lo que en ese momento tenía a su disposición.

Por supuesto, con frecuencia, sí tenemos algo de responsabilidad en lo que ha ocurrido. Quizá derrochamos dinero como un marino borracho, contando con que nuestras propiedades seguirían aumentando su valor. O nos volvimos cómodos en nuestros negocios, contentos de hacer lo que siempre hacíamos en lugar de exigirnos y estar a la vanguardia. O nos negamos a estar al día con los tiempos en términos de tecnología y ahora nos hemos quedado atrás.

O quizá estamos donde estamos debido, en parte, a los errores de otras personas, y estamos enojados y resentidos: ¿Cómo se atreve a aumentar la deuda sin que yo lo sepa? ¿Cómo pudieron acabar de esta manera con la compañía y dejarme a mi maniatada? ¿Por qué no sacó las acciones del mercado antes? ¡Era él el que estaba a cargo, no yo!

En la sección previa, hablé de los fuertes arrepentimientos por lecciones que nos pueden enseñar. Esto es importante, pues no se puede perdonar verdaderamente sin aprender algo para el futuro y así confiar en ti mismo y no repetir el mismo error. De lo que has aprendido, luego creas un límite: no permitiré que eso vuelva a suceder. Solo cuando hayas hecho esto, podrás entonces perdonarte a ti mismo y a cualquier otro.

Mucho se ha escrito últimamente sobre el poder del perdón para darnos paz mental y una sensación de cierre. De alguna manera, el perdón es un misterio milagroso. Nunca sabes con precisión cómo o cuándo llegará, como lo prueba la historia de la pérdida de mis ahorros. Leer un artículo siete años después del hecho fue lo que finalmente me permitió perdonarme por mi desplome.

Forzar el perdón antes de estar listos crea una solución frágil, falsa, que solamente existe en nuestras cabezas, no en nuestros corazones. Yo sabía que no debía apalearme por perder el dinero, pero lo seguía haciendo. Los maestros espirituales dicen que, aunque no podemos forzar el perdón, sí podemos abrir nuestro corazón al deseo de perdonar y ser perdonados por medio de ciertas prácticas que nos ayudan a reconocer que todos somos imperfectos y todos merecemos la compasión del perdón. Por ejemplo, en el Budismo Vipassana hay una meditación en la cual pides perdón y ofreces perdón tanto a los demás como a ti. La práctica que aquí incluyo es de Stephen Levine. Hazla cuando estés listo, sabiendo que te ayudará a crear aceptación y cierre.

Trae a tu corazón la imagen de alguien por quien sientes un gran resentimiento. Tómate un momento para sentir a esa persona allí mismo, en el centro de tu pecho.

En tu corazón, dile a esa persona: "Por cualquier cosa que hayas hecho que me haya causado dolor, lo que sea que hayas hecho con o sin intención, por medio de tus pensamientos, palabras o acciones, yo te perdono".

Despacio, permite que esa persona se acomode en tu corazón. Sin forzarlo, solo abriéndote a esa persona a tu propio ritmo. Dile: "Te perdono". Suavemente, muy suavemente ábrete a esa persona. Si duele, deja que duela. Empieza a relajar el puño de hierro de tu resentimiento para liberarte de esa inmensa ira. Dile: "Te perdono". Permítele ser perdonado.

Ahora trae a tu corazón la imagen de alguien a quien quieres pedirle perdón. Dile: "Por cualquier cosa que yo haya hecho que te haya causado dolor, por medio de mis pensamientos, mis acciones o mis palabras, te pido perdón. Por todas esas palabras que dije por olvido o miedo o confusión, te pido perdón". No permitas que cualquier resentimiento que tengas contigo mismo bloquee tu recepción de ese per-

dón. Deja que tu corazón se ablande frente a él. Permítete ser perdonado. Abre la posibilidad del perdón. Guardándolos en tu corazón, diles: "Por cualquier cosa que yo haya hecho que te haya causado dolor, te pido perdón".

Ahora trae una imagen de ti mismo a tu corazón, flotando hacia el centro de tu pecho. Acomódate en tu corazón y usando tu propio nombre, dite a ti mismo: "Por todo lo que has hecho a causa del olvido o el miedo o la confusión, por todos los pensamientos y acciones que puedan haberte causado daño, yo te perdono".

Ábrete a la posibilidad de perdonarte. Deja que se vaya toda la amargura, la dureza, los juicios.

Abre un espacio en tu corazón para ti. Dite a ti mismo: "Te perdono".

Haz las tres bendiciones

Siempre hay algo por lo cual estar agradecido
—Jon Carroll

De alguna manera, el columnista del *San Francisco Chronicle* Jon Carroll siempre termina apareciendo en mis libros. Lo encuentro tan perspicaz e ingenioso. El día de Acción de Gracias de 2008, escribió una columna sobre cómo la gratitud es un antídoto para lo que él llama "el abismo": la sensación de inseguridad y malestar flotante causada por los cambios que se interponen en nuestras vidas y en el mundo, que es como vivir en un piso destartalado sobre un pozo lúgubre. Prueba el antídoto ahora mismo. Tómate un minuto para pensar en todas las cosas, grandes o pequeñas, por las que estás agradecido en tu vida. En caso de que necesites inspiración, aquí tienes mi lista de un minuto: mi familia y mis amigos, la luz del sol, las novelas, la habilidad de pensar, la oportunidad de escribir, la oportunidad de trabajar como una pareja de pensamiento, el agua caliente, la capacidad de aprender.

Ahora, haz tu lista.

¿Cómo te sientes? Esto es lo que dice Carroll luego de escribir su lista: "¿Puedes sentir que el suelo bajo tus pies se hace más sólido? ¿Puedes ver cómo los huecos desaparecen? Por un momento, la generosidad del mundo te llenó y diste gracias de estar vivo. ¿Lo ves? Antídoto".

Puede que Carroll no se dé cuenta, pero los investigadores en psicología positiva Robert Emmons y Martin Seligman han descubierto que practicar la gratitud es, en efecto, una de las claves de la resiliencia. Las personas agradecidas reportan niveles más altos de vitalidad y menos depresión y estrés durante transiciones, y desarrollan con mayor facilidad apoyo social en tiempos difíciles. Los investigadores han llegado a entender que, cuando tenemos pensamientos de agradecimiento, activamos la parte de nuestro cerebro que libera endorfinas, las hormonas que nos hacen sentir bien, lo cual explica el impulso emocional positivo que obtienes.

Puedo dar fe de su poder. Me he pasado los últimos doce años practicando y escribiendo sobre el agradecimiento, y todavía me sorprende el ánimo que me da cuando pienso en algo por lo que me siento agradecida, en particular cuando los tiempos son duros. En realidad, es un antídoto cuando sientes que te estás yendo hacia el abismo.

Creo que lo más poderoso de la gratitud fue resaltado hace muchos años por parte del Dr. David Steindl-Rast cuando se refirió a esa cualidad como "gran-plenitud". Cuando ejercemos la gratitud, reconocemos lo que tenemos, la abundancia de la vida disponible para nosotros.

Esto resulta ser un reconocimiento muy importante cuando pasamos por un cambio inesperado. Cuando el cambio está acompañado de una pérdida —de una relación, de una carrera, de la vida como la conocemos— nuestras mentes generalmente se enfocan en esa pérdida. Practicar la gratitud nos recuerda todo lo que aún tenemos y todo lo que aún está en el mundo y podemos apreciar y disfrutar. Por eso resulta tan relajante y curativo. Nos ayuda a recordar nuestras vidas desde una perspectiva más amplia que la de la dificultad por la cual estamos atravesando.

No estoy diciendo que debas minimizar o ignorar la dificultad, pero sí que incluyas la belleza que sigue estando disponible para ti. Por eso, siempre le digo a la gente que la gratitud es una experiencia de "y": "Sí, hay un desafío... y he aquí todo por lo que me siento agradecido".

He encontrado que la gratitud es tan sumamente útil para lidiar con el cambio que quiero animarte, exhortarte y hacer énfasis en lo necesario que es practicarla una vez al día. Practicar quiere decir "traer algo a la experiencia". Y es la *experiencia* de la gratitud lo que quiero que sea tu ancla en tiempos turbulentos.

La práctica específica que te voy a sugerir es la de las tres bendiciones, creada por Martin Seligman. En su página web sobre la felicidad reflexiva, Seligman ha demostrado que esta técnica ha incrementado en un 90% la felicidad incluso en personas que se autocalificaron como seriamente deprimidas. Lo que debes hacer es traer a tu mente, cada noche, tres cosas que consideres una bendición y por las que estás agradecido. Luego, advierte qué haces tú para que estas tres bendiciones existan. Por ejemplo: (1) Estoy agradecida por el trabajo que surgió a partir de la llamada de negocios que hice hoy. Mi aporte fue ver que no había ningún conflicto entre lo que el cliente quería y lo que nosotros deseábamos, así que ahora nos va a contratar. (2) Estoy agradecida por sentarme a cenar con mi hija y mi esposo. Mi aporte es cocinar y hacer de la cena "nuestro momento". (3) Aprecio la retroalimentación que recibí hoy sobre este libro. Mi aporte fue solicitarla.

La segunda parte de la práctica es tan importante como la primera, pues resalta uno de los tres aspectos principales de la resiliencia: el control. Cuando te preguntas cuál fue tu rol en una de las bendiciones, recuerdas que tienes control sobre lo que sucede. Es importante recordar eso.

Sé lo que estás pensando. Todo el mundo me lo dice cuando explico este ejercicio: "¿Pero qué pasa si mi bendición es un hermoso atardecer o algo así? ¿Cuál es mi aporte en eso?". El aporte es que lo adviertes, que eres capaz de reconocer la belleza, que simplemente no das por sentado el mundo a tu alrededor. No importa lo que escojas, siempre tienes un rol. Tu trabajo es reconocerlo.

Por favor, lleva cabo esta práctica cada día, al menos durante el futuro previsible. Es algo que solo funciona si lo haces. Hazlo con tus seres amados en la mesa del comedor o antes de ir a dormir. Hazlo mientras regresas a casa del trabajo. Hazlo y cosecharás la magia de una gran plenitud.

Hace poco, viendo la página web *gratefulness.org*, noté que hablaban de la gratitud como "el gentil poder que restablece el coraje". A todos nos vendría bien un poco más de eso ahora mismo.

Cultiva tu yo testigo

La meditación es un medio de cultivar la introspección a través de ser consciente de lo que está surgiendo y pasando. . . la alineación y el ablandamiento del corazón para reconciliarse con este momento tal como es
—Philip Moffitt

Hace unos días recibí una llamada por parte de un reportero de una revista de mujeres que se preguntaba si yo conocía alguna nueva técnica para reducir el estrés, "ya sabes, más allá de la respiración y la meditación". Me hizo pensar en la tendencia que tiene esta cultura de buscar desesperadamente lo más novedoso e incluso me hizo dudar de si debería incluir este fragmento en el libro.

Tendrías que haber estado viviendo bajo una roca durante las últimas dos décadas para desconocer los beneficios de la meditación: baja presión sanguínea y menor nivel de estrés, ira, ansiedad y depresión, entre otras.

Sin embargo, decidí que sería irresponsable de mi parte no incluir algo que es tan efectivo para aceptar la turbulencia del cambio solo porque ha existido desde hace miles de años. Además, descubrí algo nuevo que espero te inspire a actuar si aún no te decides a intentar la meditación: nuevas investigaciones que demuestran que, en efecto, tu estructura mental está cambiando.

Resulta que "pensar sobre tus pensamientos puede cambiar de alguna manera la actividad eléctrica y química del circuito cerebral", dice Sharon Begley en *Entrena tu mente, cambia tu cerebro*. Esto quiere decir que, por medio de la meditación, puedes cambiar de manera permanente tu forma de pensar, "fortaleciendo las conexiones desde los lóbulos prefrontales reflexivos hasta la amígdala, generadora de miedo y ansiedad", escribe Begley. Un reciente estudio en las Actas de la Academia Nacional de Ciencias de los Estados Unidos encontró que puedes obtener los fabulosos efectos de la meditación ¡practicándola tan solo tres minutos al día! "La mente responde a la repetición con mayor gusto que duración", dice Daniel Siegel, profesor asociado de psiquiatría clínica en UCLA. ¡No puedes decir que no tienes tiempo!

El estudio también encontró que meditar es más efectivo que la popular técnica de reducción de estrés de relajación guiada, donde conscientemente relajas una parte de tu cuerpo tras otra. Especulo sobre el por qué esto sucede haciendo énfasis en la razón por la cual la meditación es una herramienta tan crucial para la AdaptAbilidad: a diferencia de la relajación guiada, la meditación fortalece el "yo testigo", la parte de nuestra mente que es consciente de nuestros pensamientos y sentimientos.

Entre más fortalezcamos esa parte, menos viviremos en piloto automático, a la merced de nuestros sentimientos o respuestas condicionadas, y seremos más capaces de reaccionar deliberadamente; entenderemos que los pensamientos no son hechos y que podemos observar aquellos de miedo o tristeza ir y venir sin tener que estar bajo su yugo. Dawna se refiere a esto como mantener la pita de cometa de tu mente firme, para que así puedas dirigirla hacia donde quieres en lugar de dejar que se la lleve el viento.

Esta es una capacidad crucial durante el cambio, pues te permite registrar lo que estás sintiendo y *a la vez* preguntarte: "¿Cuál es la mejor manera de responder a esta situación ahora mismo?". Con un fuerte yo testigo ya no estamos a la merced de comportamientos inconscientes, sino a la rueda de nuestro destino, con una mayor capacidad de adoptarnos y ajustarnos con facilidad.

Si te he inspirado para que lo intentes, he aquí una forma muy básica de meditación atenta:

- Encuentra un lugar silencioso en al cual sentarte en una silla o en el suelo, con tus ojos abiertos o cerrados, como te sea más cómodo. Pon un temporizador que mida la cantidad de tiempo que planeas estar así.

- Hazte consciente de tu respiración, enfocándote en la sensación del aire entrando y saliendo de tu cuerpo mientras respiras.

- Cuando los pensamientos empiecen a llegar a tu mente, ya sean preocupaciones, planes o deseos, no trates de ignorarlos o suprimirlos. Tan solo nótalos y devuelve la atención a tu respiración sin juicios, sin importar cuántas veces lo tengas que hacer.

- Cuando suene la alarma del temporizador, levántate de forma gradual.

MEDITACIÓN AMOR-AMABILIDAD

Esta práctica viene de la tradición budista Vipassana. Se trata de un ofrecimiento de deseos amables para ti y para otros. Puede ser hecha en cualquier lugar y a cualquier hora. Empecé a hacerla cuando atravesé por momentos difíciles en mi casa editorial y me sentía impotente. Me levantaba a medianoche muy preocupada. Esto me proporcionó algo más que hacer. Opera bajo el principio de que la energía de los buenos deseos ayuda a que los buenos resultados se den. Incluso, si eso no sucede, te trae felicidad al ofrecer amabilidad y compasión a ti mismo, a los demás y a los que no conoces. Adicional a esto, las investigaciones del profesor de psicología de la universidad de Harvard Richard Davidson han señalado que tal meditación compasiva puede reducir la actividad en tu amígdala. Siéntate o recuéstate en silencio. El punto es hallar cuatro o cinco frases que representen lo que más deseas para ti y para los demás. Piensa para ti mismo: "¿Qué es lo que más deseo para mí y para los que amo?"

.Estas son las mías:

(Empiezas por ti)

-Que esté en paz

Que sea feliz

-Que esté a salvo y protegido

-Que esté libre de todo sufrimiento

-Que esté lleno de amor y amabilidad

(Luego piensa en alguien cercano a ti y dile lo mismo)

-Que esté en paz

-Que sea feliz

-Que esté a salvo y protegido

-Que esté libre de todo sufrimiento

-Que esté lleno de amor y amabilidad

(Sigue haciéndolo hasta que hayas incluido a todos los que quieras, yendo de los más cercamos a ti hasta lo siguiente:)

-Que todos los seres estén en paz

-Que todos los seres sean sea felices

-Que todos los seres estén a salvo y protegidos

-Que todos los seres estén libres de todo sufrimiento

-Que todos los seres estén llenos de amor y amabilidad

Permanece abierto a los milagros

Siempre estás en un universo de decisiones.
Cualquier momento de tu vida puede ir en la
dirección que tú le des. Aprende a escoger
—Luis Alberto Urrea

He conocido a Cindy toda mi vida. Ahora tiene 48 años. Adoptada de nacimiento por una madre alcohólica y un padre adicto al trabajo, prácticamente tuvo que criarse por sí sola. Por las mañanas, iba a la escuela y, en las tardes, hacia la cena y resolvía sus deberes escolares sola. Su madre estaba demasiado ebria para si quiera visitarla en el hospital cuando tuvo un serio accidente en sus veintes.

Cindy ha tenido su dosis de rabia y dolor por su situación familiar. Sin embargo, de alguna manera, siempre escogió seguir en contacto con sus padres. Llamaba cada domingo y manejaba tres horas con su esposo e hijos para visitarlos con regularidad. La situación se hizo más fácil cuando su madre se rehabilitó a principios de los noventa, pero el dolor permanecía, pues su madre nunca se disculpó por su comportamiento. Su padre murió hace unos años y el año pasado su madre, ahora anciana, decidió mudarse a cinco minutos de ella. Cindy le ayudó a empacar sus cosas y a comprar una nueva casa. Con frecuencia, la lleva a cenar, de compras o a citas médicas. Cuando hablábamos, me maravillaba el hecho de que estuviera dispuesta a cuidar de alguien que nunca cuidó de ella. "Es la única madre que tengo", me decía Cindy.

Luego, Cindy se rompió el tobillo muy fuerte y desarrolló una profunda trombosis venosa que pudo haberla matado. Fue una ola inmensa de cambio. No podía trabajar y necesitaba ayuda incluso para hacer las tareas más básicas de la vida diaria. "No creerás lo que pasó", me dijo un día. "Mi madre me salvó. Me cocinaba las comidas y dejaba y recogía a los niños en la escuela. ¡Incluso limpiaba la casa! Finalmente, estuvo a mi lado de una manera en que nunca antes estuvo. En el día de la madre, se lo agradecí, y ella respondió que se alegraba de haber tenido una segunda oportunidad de ser mi madre. Ambas lloramos lágrimas de alegría". Pensé en las miles de horas en que fui testigo del dolor de Cindy. Las dos habíamos tachado a su madre de ser incapaz de hacerse cargo de alguien o de disculparse. Ninguna habría podido predecir este momento de sanación.

Recientemente, pensé en Cindy cuando recibí una carta de un lector de mi libro *The Power of Patience*. Él narraba en detalle cosas horribles por las que había pasado que terminaron llevándolo a perder su licencia para ejercer la medicina, y cómo algunas personas habían confiado en él una vez más y ahora estaba trabajando de nuevo, agradecido por esta segunda oportunidad.

Hasta el momento exacto en que muramos, la posibilidad de que un milagro se dé en nuestras vidas existe. No podemos forzar el milagro, no podemos exigírnoslo o exigírselo a los demás, no podemos predecir cómo o cuándo podría ocurrir. Pero, como Cindy, sí podemos mantenernos disponibles a la posibilidad de que pase, al no cerrar la pequeña puerta de nuestro corazón.

Esta apertura es diferente a aferrarse a las ilusiones que nos mantienen detenidos, a esperar que el tipo que no nos ha devuelto las seis mil llamadas que le hemos hecho entre de repente por la puerta, o que un hada mágica nos salve del embargo de nuestra casa. Debemos enfrentar la realidad. Como escribió el rabino Harold Kushner: "Está bien rezar por un milagro siempre y cuando también estés trabajando por resolver tu problema".

En cualquier momento en que suframos un revés debido a un cambio que esperábamos, el milagro de una segunda oportunidad es posible, en particular cuando dejamos ir las ideas sobre qué, cómo y cuándo "debe" ocurrir y, en cambio, nos ponemos a disposición de cualquier maravilla que pueda darse. Hace poco, los diarios de San Francisco hablaban de la historia de una pareja en sus tardíos cuarenta cuyos dos niños fueron arrollados por un conductor ebrio y que ahora acaban de tener una niña. La donante de los óvulos fue la sobrina de la madre. Y no solo eso, cuando la sobrina vino a hacer la donación, conoció al joven y apuesto vecino, con el que luego se casó y ahora esperan su propia niña.

Cuando atraviesas por un cambio doloroso, puede ser muy difícil imaginarse un momento a futuro cuando una segunda oportunidad aparezca de repente. Por ejemplo, sé que, cuando estaba sufriendo de una herida en la espalda durante mis veintes y treinta, no podía pensar que sería una adulta de 55 años sin ningún dolor. O cuando me dejó mi exmarido y me quedé sola a los cuarenta, tampoco podía imaginar que tendría un maravilloso marido y una hermosa hija. Sé que la joven Cindy jamás habría creído posible el día de la madre que vivió con su mamá.

Así que, ahora mismo, debes saber que tengo fe en ti. Tengo fe de que hay una segunda oportunidad en el futuro. Espero que leer sobre los milagros que han experimentado otras personas te ayude, al menos un poco, en este momento duro.

Encuentra el regalo que hay en el cambio

*No hay ningún mal que pueda acontecernos que no
nos haga algo de bien*
—Luis Alberto Urrea

Bill Harris tenía un pequeño negocio de grabación de audio y estaba luchando por llegar a fin de mes, cuando fue demandado por un millón de dólares por violación de Derechos de autor. Sus abogados le dijeron que su defensa podría costarle hasta $150.000 dólares o más. Dando vueltas y vueltas en la noche, se acordó de haber leído alguna vez que siempre hay beneficios detrás de cualquier cambio desafiante. Al principio, no podía pensar en ninguno, pero se siguió preguntando: "¿Qué beneficio puede haber en todo esto?".

"Haciéndome esta pregunta" dice él en *La resiliencia* de Al Siebert, "empecé a soñar". Si defender su compañía, *Centerpointe*, costara $150.000 dólares, razonó, entonces tendría el tipo de compañía que haría anuncios en revistas nacionales y tendría muchos empleados y haría millones de dólares. Sería un exitoso orador en conferencias y un autor publicado.

Así que, en lugar de rendirse, empezó a llevar a cabo acciones con las que había soñado, como hacer anuncios, lo cual lo llevó a hacer crecer la compañía a un nivel inmenso (y, a propósito, a reducir la cantidad de la demanda a solo $7.000 dólares en honorarios legales). "El 'desastre' terminó siendo un beneficio disfrazado. Sin él, *Centerpointe* probablemente habría cojeado por un año o algo más y luego, silenciosamente, se habría ido al cielo de los pequeños negocios. Todo esto ocurrió porque me detuve a mirar los posibles beneficios de lo que parecía ser una catástrofe, y luego emprendí acciones para que esos beneficios potenciales se convirtieran en una realidad". Una de las cosas que he notado viendo a las personas pasar por todo tipo de cambios —desde cáncer y divorcio hasta la pérdida de un trabajo, una bancarrota, el suicidio de un ser amado e incluso prisión— es que aquellas que crecen a través de ese cambio tienen la habilidad de ver el regalo en la herida, de buscar —y encontrar— un beneficio en lo que les ha sucedido.

¿Cuál es el regalo que hay para ti en este cambio? Al principio, cuando tus emociones pueden estar crudas, esta pregunta puede parecer francamente ofensiva. Con todo, siempre hay un regalo que puede ser hallado en lo que nos está pasando, lo cual ayuda a crear una resolución emocional buscando lo que eso pueda ser. Incluso víctimas de tortura a quienes se les ha concedido un asilo en los Estados Unidos están siendo entrenadas en grupos de apoyo especializados para ver qué cualidades han cultivado como una manera de sanar.

No debes buscar el regalo el mismo día en que recibes las malas noticias. Pero, por favor, hazlo en algún punto del proceso. A continuación hay algunas preguntas para que empieces:

- Si hay algo en este cambio que pueda ser bueno para mí, ¿qué sería?

- ¿De qué manera puedo tomar esta situación y darle un vuelco en mi favor?

- ¿Qué oportunidades que hayan surgido de esto puedo aprovechar? (Esta última es una clásica pregunta de emprendimiento, pues los negocios exitosos siempre pueden ser creados a partir de situaciones difíciles)

Cualesquiera que sean las preguntas que descubras, estas son un portal hacia la aceptación y hacia un mejor mañana.

PASO 2: EXPANDE TUS OPCIONES

Sin saber cuándo vendrá el amanecer, abro cada puerta
—Helen Keller

¿Recuerdas el ejemplo que di en la introducción sobre lo fácil que nos adaptamos a los pequeños cambios? Si un amigo canceló el plan que tenían de ir a comer, tu primer paso sería decir "Bueno, eso ya no va". Luego pensarías en las opciones que quedan: quedarse en casa, llamar a alguien más, salir a comer solo. Es probable que cualquiera que escojas no haga una gran diferencia a largo plazo.

Aun así, cuando un cambio es grande o complejo, la manera en que piensas en tus opciones disponibles es crucial, pues lo más probable es que, en efecto, debas pensar o comportarte diferente de cómo lo hacías antes y así dar con la respuesta más efectiva. Como nos lo recordaba Einstein, "los problemas significativos que tenemos no pueden ser resueltos al mismo nivel de pensamiento con el cual los creamos". De esto se trata esta parte del proceso de AdaptAbilidad. Debes asegurarte de haber considerado todas las posibilidades y ver la situación desde la perspectiva más amplia posible. Así incrementarás las posibilidades de éxito una vez te pongas en acción.

Descubrirás por qué el cambio puede alegrarte mientras que a uno de tus seres amados le asusta o viceversa, lo cual tiene mucho que ver con tus persistentes maneras de pensar. También aprenderás a conectarte de manera más profunda con tus pasiones, talentos, valores y recursos, que son la materia prima que tienes para ofrecer en cada situación. Entre más conozcas esos elementos perdurables, más podrás construir un futuro de éxito y realización. Una de las ventajas que trae el golpe de un cambio es la oportunidad dorada de reinventar nuestras vidas y preguntarnos dónde queremos estar y qué queremos hacer ahora.

¿Qué te ayuda a expandir tu pensamiento?

Un "creativo" es cualquiera que crea... cualquier cosa...
todos en el planeta son creativos
—Stefan Mumaw y Wendy Lee Oldfield

Imagina que eres una mosca en la ventana de mi casa mientras trabajo. ¿Qué verías? Algunas veces, estoy todo el día en el teléfono hablando con clientes. En esos días, uso un set de auriculares con micrófono y voy de habitación en habitación. En otros días, cuando estoy escribiendo, paso de teclear en mi computador a mi jardín. ¿Soy hiperactiva? ¿Tengo déficit de atención? En realidad, para mí es muy fácil quedarme en un solo sitio, quieta y sentada durante horas. ¿Entonces, por qué salto de un lado a otro? Porque he descubierto que el movimiento me ayuda a estar en mi mejor estado creativo, innovador e imaginativo, y me gusta acceder a esa parte de mí cuando trabajo.

Al adaptarnos al cambio, debemos dar con pensamientos y soluciones que sean distintas de aquellas que hemos implementado antes. De lo contrario, solo estaremos respondiendo de formas habituales que quizá ya no nos sirvan. Por eso, en la fase expansiva de la AdaptAbilidad, primero debemos saber cómo acceder a nuestro lado más creativo.

Tendemos a pensar en la creatividad dentro del contexto de ser un artista o un músico. Sin embargo, prefiero la definición que emplea el experto en resiliencia Frederic Flach. La creatividad es "la respuesta a una situación que demanda una solución nueva pero adaptativa, una solución que alcance una meta". Todos podemos ser creativos bajo las circunstancias apropiadas.

La pregunta crucial no es si soy creativo, sino cuáles son las condiciones que me permiten pensar de la manera más creativa. Para cada uno de nosotros, hay una respuesta distinta. Yo me muevo, pero Angie necesita escuchar música sin letra y luego hablar con alguien que no dice nada, pero que recibe lo que ella necesita decir. Louis necesita garabatear en un tablero o tomar notas en un papel.

Puede que ya sepas qué cosas te funcionan. Si es así, genial. Si no, una manera de saberlo es pensar en momentos en los que tuviste tus mejores ideas. ¿Qué estabas haciendo? Para Will, es un campo de golf. Para Grace, es trabajar en el diario. Para Patrick, hablar con su esposa. Una vez prestes atención, te será más fácil ver tu fórmula.

Si no estás seguro, haz un experimento. Te voy a dar tres ejercicios creativos que he adaptado del libro *Caffei-*

ne for the Creative Brain de Stan Mumaw y Wendy Lee Oldfield (tu tarea no es solo hallar respuestas, sino también observar lo que hiciste para poner a fluir tu pensamiento creativo): (1) En la era de los teléfonos celulares, las cabinas telefónicas son bastante irrelevantes. Propón diez usos alternativos para una cabina telefónica con o sin teléfono, es tu decisión. (2) Sin utilizar la palabra salida, desarrolla una alternativa para una señal de salida en un edificio. (3) Imagina que un palo es el juguete más atractivo para un niño. ¿Qué harían con él? ¿Qué trucos o juegos podrían hacer con él? Debe surgir un patrón a partir de las situaciones que te ayudan a generar ideas y posibilidades (¡y esto solo funciona si en realidad haces los ejercicios!). Toma nota y utilízalo a medida que avances en este paso. La idea es que pongas en esto tu mayor nivel de pasamiento innovador.

CREA UN AVATAR

Universos en línea como Second Life te invitan a crear un alter ego con las características que quieras. ¿Por qué no aprovechar la capacidad para hacer eso en la vida real, donde en verdad importa? Si tienes problemas accediendo a tu propia creatividad o piensas que no eres creativo y es eso lo que se interpone en tu camino, ¿qué tal si creas un Avatar que es altamente innovador y creativo? Él ya ha enfrentado esta situación y ha encontrado soluciones grandiosas. Dale un nombre y una serie de características. Cuando te sientas varado, solicita su ayuda. Piensa: "¿Qué sugeriría hacer (el nombre de tu Avatar) ahora?".

¿Cómo debe cambiar el concepto que tienes de ti mismo?

No hay ningún sentido en la vida a excepción del sentido que cada hombre le da a la suya por medio del desarrollo de sus poderes
—Erich Fromm

Mike ha sido un agente de guionistas de televisión durante veinte años. "No trabajo con actores", dice, "demasiados problemas". He aquí el problema: durante la reciente huelga de guionistas, no recibió ni un centavo durante nueve meses. Y desde entonces, el negocio para los guionistas ha estado muy limitado. La industria televisiva ya no hace tanto dinero como solía y es reacia a gastar dinero en guiones cuando puede hacer *realities* mucho más baratos. Mike se niega a cambiar: "Solo trabajo con guionistas", insiste. Para decirlo sutilmente, tiene problemas para adaptarse.

A medida que crecemos, cada uno de nosotros se hace una idea de sí mismo. Cuando llegamos a la adultez, esta ya está bastante fija. Los psicólogos le llaman un autoconcepto. Puedes averiguar rápidamente el tuyo completando la frase: "Soy una persona que..." Esta es la mía: "Soy una persona que es inteligente, práctica y dependiente, que se preocupa mucho, escribe y da charlas para ganarse la vida, que necesita muchas horas de sueño, que es altamente analítica y social, pero no muy creativa...". Puedo seguir, pero ya te puedes hacer una idea.

Nuestro autoconcepto nos da seguridad. Sabemos con qué cosas de nosotros mismos podemos contar. Sin embargo, como lo vimos con Mike, un autoconcepto también puede crear limitaciones en nuestro comportamiento y forma de pensar, lo cual puede ser un problema cuando nos vemos enfrentados a una situación donde es necesario adaptarse. Sin saberlo, nuestro autoconcepto limita nuestras opciones, pues alza muros alrededor de lo que creemos ser y de lo que podemos o podríamos hacer.

Recientemente estaba pensando en esto cuando trabajé con una persona por primera vez. Yo me estaba quejando por no ser innovadora, y él se quedó mirándome y me dijo: "Esa no es la experiencia que tengo de ti. Ya has propuesto varias ideas innovadoras en las que yo no había pensado". Hmm, pensé, él se propone algo. De hecho, sí he propuesto varias ideas innovadoras para libros que se han vendido muy bien. Quizá deba revisar mi autoconcepto. Puede que no sea la pensadora más innovadora del planeta, pero eso no quiere decir que nunca tenga ideas nuevas.

¿Cuál es tu autoconcepto? Toma un bolígrafo y anota tus respuestas a la frase "Soy una persona que...". Sigue haciéndolo hasta que se convierta en un esfuerzo. Luego observa las cualidades, hábitos y comportamientos que has anotado. Estoy seguro de que todos son ciertos. Pero, ¿qué pasa si el cambio por el que estás atravesando pone a prueba uno de ellos o todos a la vez? ¿Qué pasa si se te está pidiendo que expandas la noción de lo que eres para encajar en las realidades de la vida como es ahora, no como solía ser? Los cambios siempre nos piden transformar ideas sobre nosotros mismos, desarrollar poderes que no sabíamos que teníamos, cultivar nuevas cualidades, hábitos y maneras de ser. No podemos lograr eso con un autoconcepto rígido.

Por ejemplo, en mi caso, ¿qué pasaría si las oportunidades de vivir de escribir y dar clases se acaban, como bien podría pasar? ¿Qué traería eso para mi autoconcepto de escritora y pareja de pensamiento? Si me aferro con demasiada fuerza a esa idea de mí misma, puedo quedarme estancada al buscar otra línea de trabajo.

Considera una vez más tu autoconcepto. ¿Qué cosas debes revisar para afrontar los desafíos del cambio. Piensa, por un momento, en las encrucijadas que hasta ahora has debido enfrentar en tu vida. ¿Qué experiencias has obtenido de esto que aún no hayas incluido en tu autoconcepto? ¿Qué cualidades han visto otros en ti que no estén representadas allí?

Cuando pienso en esas preguntas para mí misma, estas son las cosas que le adiciono a mi autoconcepto: Soy alguien que es... sobreviviente, aprendiz, más creativa de lo que piensa, una persona que sabe cómo pedir ayuda. A diferencia del original, este expandido autoconcepto puede ayudarme verdaderamente si llego a necesitar cambiar de carrera.

¿Qué hay de ti? Tienes poderes que van más allá de la idea que tienes de ti mismo. Ahora es el momento de traerlos a la consciencia.

ERRADICA VIEJAS
SUPOSICIONES NEGATIVAS

"Durante años, las personas me dijeron que no era una persona de gente", dijo Sonia. "Y simplemente lo acepté sin pensar en ello. Cuando atravesé por un proceso de evaluar lo que en realidad me gusta hacer, me di cuenta que ser tutora no solo es algo que amo, ¡sino algo en lo que soy muy buena!". ¿Qué cosas estás asumiendo de ti mismo debido a comentarios limitantes de otras personas? No enfrentes el cambio llevando a cuestas lo que otros han asumido que eres. Tómate un momento para pensar en los reproches que te han hecho y que tú has aceptado como verdad —"No tienes fuerza de voluntad", "Nunca harás nada de ti mismo", "No eres el tipo de mujer que es buena madre"—, y encuentra tres ejemplos de tu vida que los desaprueben. Así, cuando te halles pensando en uno de esos comentarios venenosos, trae a tu mente un ejemplo que los contrarreste y di: "Esa es su historia sobre mí, no la mía".

Busca información por fuera de tu entorno

Si la única herramienta que tienes es un martillo,
te parece que todo problema es una puntilla
—Abraham Maslow

Estaba trabajando con algunos ejecutivos en una compañía que iba a vender sus acciones al público y a crecer por medio de adquisiciones. Ambos son cambios dramáticos, y la compañía los estaba llevando a cabo de manera simultánea. Toda la organización estaba bajo una tremenda presión, al igual que las personas con las que estaba tratando.

Un día le dije a uno: "Otras compañías han atravesado por procesos similares. ¿Conoces a alguien con quien puedas hablar de esto para que te dé consejos al respecto?". Me dijo que no conocía a nadie. Les hice la misma pregunta a mis otros clientes. Ninguno de ellos conocía a una sola persona. Cuando le comenté esto a uno de ellos, me dijo: "Es parte de nuestra cultura empresarial no crear redes con gente de fuera, sino apoyarnos los unos a los otros". Resulta interesante que, poco tiempo después, el director ejecutivo de esta compañía fue despedido por la junta directiva precisamente por su negativa a buscar asesoría externa.

Con razón, diría yo. Pues cometió uno de los más grandes errores que puedes tener durante el cambio: asumir que lo que ya sabes y estás haciendo es lo que deberías hacer bajo nuevas circunstancias. Es una suposición natural, en particular cuando has tenido éxito en el pasado. De cierta manera, este director ejecutivo y sus subordinados fueron víctimas de su propio éxito, pensaron que no debían aprender nada nuevo para lidiar con la situación en la que se encontraban.

Todo eso me hizo pensar en un experimento de peces del que alguna vez oí. Pesces bebés fueron puestos en una pecera pequeña que estaba dentro una más grande. Fueron creciendo y nadando alrededor de la pecera pequeña y eventualmente los científicos quitaron esas paredes que estaban dentro de la grande. ¿Y adivina qué? Los peces siguieron nadando dentro de la pequeña configuración, a pesar de que el tanque era más grande. Como esos peces, ponemos límites a nuestro pensamiento porque estamos acostumbrados a nadar alrededor de algo que nos ha funcionado. Marshall Goldsmith habla de este peligro en su libro cuyo título lo dice todo: What Got You Here Won't get You There (Lo que te trajo hasta aquí no te llevará allá). Yo modificaría ese mensaje solo un poco: "Lo que te trajo hasta aquí no siempre te llevará a allá, y la clave está en saber cuándo no lo hará".

Una manera de evitar caer por ese abismo es asegurarte de buscar la información por fuera de tu entorno cuando te llega el cambio. Busca mentores que hayan hecho lo que te dispones a hacer. Ya han pasado por eso y pueden ofrecerte información valiosa sobre el viaje que estás a punto de emprender. Busca también lo que llaman mentores a la inversa, que se refiere a personas jóvenes que, como no han trabajado durante décadas en organizaciones, tienen maneras totalmente novedosas de acercarse a la vida y al trabajo. Recuerda que fueron las personas mayores las que se metieron en problemas durante el Huracán Katrina, pues dejaron que su experiencia pasada los guiara. Cuando te enfrentas a lo desconocido, a veces la experiencia se interpone en tu camino. Si tienes ambas perspectivas, tienes lo mejor de ambos mundos.

Lo peor que puedes hacer ahora es aislarte, a pesar de la necesidad de mirar al piso y trabajar aún más duro haciendo lo que siempre haces. Sí, se requiere de una mayor energía para salir al mundo y buscar estímulos externos, pero es necesario. La consultora organizacional Meg Wheatley habla del hecho de que, entre más rico en información sea tu entorno, más inteligentes serán tus decisiones.

Así que, ¡sal de ahí y nada fuera de tu pecera! Ahora mismo, haz una lluvia de ideas de personas con las que puedas hablar para tener una perspectiva externa. Cada vez que hables con alguien, termina con la pregunta: "¿Con quién más crees que debería hablar de esto?".

Reparte tus apuestas

Debemos aprender a explorar todas las opciones y posibilidades que nos confrontan en un mundo complejo y rápidamente cambiante
—J. William Fulbright

Alguna vez escuchaste ese proverbio que dice: "¿No pongas todos los huevos en la misma canasta?". He estado pensando bastante en eso últimamente, luego de saber de la amiga de un amigo que trabaja para el *Citigroup*. Ella era compensada parcialmente con acciones que tan solo dejaba reposar allí en lugar de diversificar su cartera; cuando las acciones cayeron, también lo hicieron los ahorros de toda su vida. Esto contrasta con el caso de mi amigo Jackson, quien cada vez que conseguía acciones de la compañía, las vendía y compraba una variedad de inversiones.

Siempre he creído en repartir los riesgos tanto como sea posible. Aprendí esto de manera accidental. Cuando mi pareja de entonces y yo estábamos construyendo una casa, no podíamos darnos el lujo de cargar con la hipoteca completa. Así que creamos una cocina independiente en el primer piso y alquilamos un tercio de nuestra casa. Más tarde, cuando nos divorciamos, busqué específicamente una casa que tuviese un alquiler adjunto. Me daba gran confort pensar que, si mis ingresos se vieran drásticamente reducidos, aún tendría un flujo de dinero. Sin embargo, no habiendo aprendido bien la lección, después compré una casa sin un alquiler y terminé vendiéndola precisamente porque, cuando mis ingresos disminuyeron, no me fue posible seguir pagándola. ¡Puedes estar seguro de que la casa que ahora tengo tiene un alquiler!

Esto no solo aplica a las casas. Desde que dejé las editoriales, he construido una carrera bajo tres aspectos: escribir, trabajar con clientes y servir de escritora fantasma para otras personas. A través de los años, cuando uno de esos aspectos ha decaído, otro ha crecido, así que la combinación de esos tres me ha sacado adelante. Continuamente intento expandir mi clientela para que, cuando alguno de ellos desaparezca, aún tenga trabajo yo.

El principio detrás de esto es que la mayor estabilidad se encuentra cuando distribuyes el riesgo en varias opciones. Eso siempre es cierto, pero especialmente en tiempos turbulentos cuando no sabes lo que el futuro traerá. Se llama repartir tus apuestas.

En esta sociedad, tendemos a glorificar a aquellos que toman un gran riesgo al invertir todo lo que tienen para cumplir su sueño. El problema es que nunca oímos hablar de aquellos a quienes ese comportamiento de todo-o-nada no les funcionó. Un amigo mío acaba de recibir financiación para su empresa luego de años de esforzarse y agotar sus ahorros. Estaba en el punto crítico de perder su casa cuando unos capitalistas de riesgo llegaron a su rescate. Para celebrar, lo invité a almorzar y lo estaba alabando por su dedicación inquebrantable y su voluntad de arriesgarlo todo. Me miró y dijo: "Sí, pero nunca se lo recomendaría a nadie, pues muy fácilmente habría podido salir al revés y ahora no tendría nada. Si tuviera que hacerlo todo de nuevo, no estoy seguro de que lo haría".

Tener un plan B o algo sobre lo cual caer es una estrategia inteligente. Pienso en dos conocidos, ambos administradores de pequeños negocios. Uno es un fabricante y dice que, en los Estados Unidos, su negocio se ha secado, pero aquél que tiene en el extranjero está sosteniendo la empresa. Qué bueno que tuvo la precaución de desarrollar ambos. Mi otro amigo dirige una empresa de ingeniería estructural. Su negocio residencial ha desaparecido por completo, pero, hace un año, al darse cuenta de que depender solo de eso era riesgoso, se expandió hacia comerciar con bienes raíces y de eso vive ahora.

¿Qué hay de la situación en la que te encuentras ahora? ¿Cómo puedes cambiar tus apuestas? Lo que viene te dará estrategias para expandir tu pensamiento. Ahora mismo, tan solo me gustaría que empezaras a explorar en tu propia mente lo que expandir tus opciones significaría para ti: ¿Crear una mayor red de contactos dentro y fuera de tu organización? ¿Recibir a un practicante? ¿Adquirir entrenamiento en otro campo? ¿Tener un socio?

Repartir tus apuestas te da una valiosa sensación de seguridad. Uno de mis clientes fue, hace poco, a una fiesta de despedida de un colega, y un competidor le ofreció un trabajo. Ahora se siente mejor sobre su puesto en su compañía, pues tiene más de una opción.

RÍNDETE POR UN MOMENTO

Estoy segura, te has dado cuenta: cuando tratas de resolver un problema y te quedas estancado, si te levantas y haces otra cosa, en especial si se trata de algo que no requiere pensar mucho como darse una ducha o barrer, la respuesta de repente te salta a la cabeza. La razón es que, cuando estás "intentando", tu mente está activando ciertas partes y bloqueando otras para que te puedas concentrar. Cuando te rindes, el bloqueo se termina y tu mente es libre de entrar en contacto con una mayor parte de sus recursos. Así que, cuando estés estancado, ríndete un momento y ponte a arreglar eso archivos o a organizar el cajón de herramientas. Te ayudará a expandir tu pensamiento.

Mata a tus pequeños amores

Creo que todas las grandes innovaciones son construidas sobre casos de rechazo
—Louise Nevelson

Cuando era editora, siempre me encantó la cita atribuida a William Faulkner donde decía que los escritores debían "matar a sus pequeños amores". Es un mensaje sobre cómo, para que llegue la inspiración, debemos dejar ir las ideas de las que estamos tan enamorados y hacerle lugar a algo mejor. Es una voluntad en la que todo el mundo debe triunfar hoy en día.

Recordé esto cuando, hace poco, leí un artículo de portada de la revista *Fortune* sobre por qué a J.P. Morgan le está yendo mejor en el derrumbe de los mercados financieros que en cualquier otra banca de inversión. El artículo se enfoca en el estilo del liderazgo del director ejecutivo Jamie Dimon y señala que Dimon es conocido no solo por sus fuertes opiniones, sino por escuchar a los demás y dejar de lado su apasionada posición cuando alguien de su equipo presenta un argumento contundente para hacerlo. Sus reuniones de liderazgo son como "cenas de familia italianas", donde todo el mundo lanza y vocifera sus opiniones. Bill Daley, el jefe de responsabilidad corporativa y exsecretario de comercio, dijo: "Las personas estaban desafiando a Jamie, debatiendo con él, diciéndole que estaba equivocado. No se parecía en nada en lo que había visto en el despacho con Bill Clinton o a cualquier otra cosa que hubiese visto en negocios".

Lo que el artículo implica es que una de las claves del éxito de J.P Morgan es que Dimon tiene una mente dispuesta a ser influenciada, dispuesta a dejar de lado las creencias atesoradas. Él está dispuesto a matar a sus pequeños amores.

Esta es una inmensa ventaja corporativa durante tiempos de cambio. La voluntad de ser influenciados nos hace estar abiertos a nueva información cuando llega, en lugar de seguir siendo leales a nuestra propia seguridad o estatus creyendo que es "el que manda". Esto contrasta con un director ejecutivo que conozco que está llevando a su organización a la bancarrota. Se rehúsa a escuchar a las personas que contrató para aconsejarlo, pues está ciegamente aferrado a su creencia de saber qué es lo mejor. Las personas a su alrededor se han rendido y andan buscando otros trabajos silenciosamente.

¿Cómo aplica esto a ti? Todos tenemos creencias a las que nos aferramos. Bajo estrés, tendemos a aferrarnos con más fuerza, que es precisamente lo opuesto de lo que deberíamos hacer. Cuando las cosas a nuestro alrededor están cambiando, en lugar de envolver nuestras opciones como una manta de seguridad, debemos acercarlas a la luz y examinarlas de cerca, de manera crítica. Eso implica tener la voluntad de admitir, así sea solo para ti, que no tienes todas las respuestas. Por lo tanto, le das la bienvenida a los desafíos y buscas opiniones contrarias: "Dime en dónde hay un error en mi razonamiento", "¿Qué estoy pasando por alto?", "¿Qué otra cosa deberíamos tener en cuenta?".

Hay una película maravillosa sobre la crisis de los misiles en Cuba llamada *Trece días*. En ella, se ve al presidente Kennedy, quien antes había aceptado ciegamente lo que los generales le habían dicho sobre la operación de Bahía Cochinos y que llevó a un fiasco, haciendo todo tipo de preguntas "tontas" y negándose a aceptar las suposiciones de los expertos. Muchos historiadores creen que fue su negativa a prestar atención a sus generales lo que evitó una guerra nuclear. Insistió en que sus consejeros encontraran otra manera de hacer las cosas.

Como Kennedy, cuando ingresamos en territorio desconocido debemos buscar, tanto como sea posible, a otras personas y situaciones que desafíen nuestras suposiciones, y estar dispuestos a hacer preguntas tontas y dejar de lado nuestras más queridas ideas cuando una mejor se presente. Como dice el proverbio chino: "Estar inseguro es estar incómodo, pero estar seguro es ridículo". Palabras sabias para nuestros tiempos.

Aprovecha tus recursos interiores

El éxito no debe ser medido por la posición que uno ha alcanzado en la vida, sino por los obstáculos que ha logrado superar
—Booker T. Washington

Dave es uno de los que quedó atrapado en el boom inmobiliario y compró dos casas al tiempo. Ahora no valen lo que sus hipotecas, y no logra deshacerse de ellas. Lleno de miedo, vino a mí. Le pedí que nombrara todos los reveses por los que había pasado. Me dijo que había sido despedido cuatro veces en su carrera, se había divorciado y tuvo que lidiar con la drogadicción de su hijo adolescente. Luego le pedí que pensara en las cualidades internas de mente y corazón que había cultivado como resultado de cada uno de estos reveses.

"Bueno", respondió, "ser despedido y encontrar otros trabajos me ayudó mucho a volverme más proactivo. También tuve que crear una mayor autoconfianza y sentir que valgo más, a pesar de la opinión que otras personas tenían de mí. Haberme divorciado me sirvió para entender que podía pasar por sentimientos muy difíciles y sobrevivir, y que puedo pedir ayuda, algo que antes de eso me costaba mucho. Lidiar con mi hijo me sirvió para aprender a bloquear la empatía cuando era necesario, pues para ayudarlo tuve que aprender a decir no; y para entender que la vida se trata de aprender y crecer". "Genial", contesté, "ahora, ¿cómo utilizarías esos recursos en la situación en la que te encuentras?".

Como todos nosotros, Dave está haciendo su mejor esfuerzo para hacer frente a los golpes que da la vida. Parte de ser humano implica que no podemos pasar por la vida sin que la vida pase a través de nosotros y, a medida que eso ocurre, tiende a rasgarse, a inclinarse, a doblarse. La buena notica es que cada vez que pasamos por algo desafiante, desarrollamos fortalezas y nos hacemos conscientes de cosas nuevas. Nos volvemos más sabios, más resilientes en maneras muy específicas. Estas son fuerzas de las que podemos echar mano la próxima vez que una ola nos derrumbe.

En mi opinión, esa es una de las cosas lindas de la vida, pues le da sentido a nuestro sufrimiento. No es que solo seamos arrojados sin pensarlo al mar del cambio. Aprendemos y crecemos para que la próxima vez que nos caigamos al agua la cosa sea más fácil. Por ejemplo, estudios de la policía y los bomberos han hallado que, a menudo, les va bien después de una emergencia de vida o muerte, porque reconocen que ya se salvaron una vez y, por lo tanto, pueden volver a hacerlo. Alguien me dijo que la ausencia de miedo es la confianza que tienes de ser capaz de reunir los recursos internos para lidiar con lo que sea que se avecine.

Por eso es tan importante saber cuáles son. Desafortunadamente, muchos de nosotros no nos damos la oportunidad de reflexionar sobre lo que hemos aprendido de nuestras dificultades pasadas, haciendo que nuestros recursos internos estén menos disponibles para el cambio cuando estemos pasando por él. Es como tener una cuenta bancaria que nunca utilizas, incluso cuando la necesitas, porque no sabes de su existencia. Cuando vives así, cada desafío es un monstruo aterrador que uno se siente incapaz de matar.

Quiero que entiendas todas las cualidades que has cultivado para así utilizar todos los recursos disponibles y reflexionar sobre el cambio que enfrentas. Vamos a hablar sobre recursos internos en la próxima sección. Ahora nos vamos a concentrar en los internos.

Voy a pedirte que hagas el mismo ejercicio que le di a Dave. Piensa en los desafíos más grandes que has enfrentado hasta ahora. Reflexiona sobre las cualidades y el entendimiento que has adquirido como resultado de haber pasado por ahí. Luego, aplica eso que has aprendido a tu situación actual.

Esto es lo que Dave dijo cuando pensó en su crisis de bienes raíces a través de la lente de lo que él mismo había cultivado: "Me ayuda a recordar que he sobrevivido a otros reveses antes. Sé que puedo superar esto también. De igual manera que cuando estaba buscando un trabajo, debo ser proactivo buscando los programas que el gobierno o los bancos puedan tener, en lugar de quedarme quieto preocupándome. Voy a buscar toda la ayuda posible".

¿Qué pasa si nunca antes has enfrentado una adversidad? La vida ha sido buena contigo y nunca has capoteado una tormenta. Y, sin embargo, has tenido éxito: has terminado el colegio, empezado una familia, conseguido un trabajo. Nombra para ti mismo tus éxitos y piensa en las cualidades de corazón, mente y espíritu que has empleado para llegar a esos logros. Esos son tus recursos internos. Por ejemplo, Jeffrey es un hombre joven que se enfrenta a una enfermedad debilitadora. Tiene un doctorado en biología. Cuando le pedí que puntualizara sus éxitos en busca de recursos internos, me dijo: "Bueno, soy muy bueno investigando, así que puedo usar eso para ayudarme en mi enfermedad. Además, tengo un gran poder de decisión y la determinación de triunfar que empleé para subir por la escalera de la ciencia. ¡Ahora puedo usar eso para sobreponerme a esta enfermedad!".

Ponerte en contacto con tus recursos internos te ayudará a calmarte y pasar a la acción. En el pasado, te has enfrentado con cosas fuertes o has hecho que las cosas pasen para ti. ¡También puedes hacer esto!

PÍDELE A AYUDA A TU FUTURO YO

Si estás atascado en decidir qué hacer, imagina que ya ha pasado un año y has resuelto la situación de tal manera que quedaste satisfecho. Tu futuro yo ha sobrevivido a esto y es más sabio que tú. Ese futuro yo ha vuelto a este preciso momento a decirte algo que debes saber para llegar de aquí hasta allá. ¿Qué es lo que dice?

¿Qué otros recursos están disponibles?

Todas las verdades son fáciles de entender una vez son descubiertas, el punto es descubrirlas
—Galileo

Catherine pasó por un doloroso divorcio que la dejó muy mal financieramente, con dos niños pequeños que mantener y ningún trabajo. En un principio, se sintió abrumada y asustada. Para el momento en que me escribió, había hecho un muy buen trabajo aceptando la situación y estaba intentando hallar algo que hacer al respecto.

Primero, le ayudé a estar más consciente de las cualidades internas que poseía y que podían ayudarle. "Persistencia, un tipo de rudeza que me dice que no me voy a dejar caer, y una habilidad de ser recursiva", fue lo que me dijo.

Luego le sugerí que debería ser más consciente de sus recursos externos. Estas son cosas que puedes sacar de tu entorno, como tiempo, dinero y otras personas. "Bueno, mi ex está pagando pensión alimenticia y manutención de los niños, y lo seguirá haciendo por dos años. De manera que, ese es un dinero con el cual puedo comprar algo de tiempo. Además, mi padre está dispuesto a ayudarme en lo que pueda. También tengo una amiga que siempre me ha invitado a trabajar como mesera en su restaurante".

Armada de esos recursos, Catherine creó un plan. Ella obtendría un título en contabilidad mientras trabajaba medio tiempo donde su amiga, para que, en el momento en que se terminara el pago de pensión alimenticia, ya tuviera una mejor oportunidad de hallar un trabajo bien remunerado. Su padre cuidaría de sus niños para que ella pudiera asistir a clase en las noches e incluso le ofreció pagar las clases.

Igual que con los recursos internos, todos tenemos recursos externos, cosas y personas fuera con las que podemos contar cuando lo necesitemos. Ahora es el momento de hacer esas cosas visibles a nosotros. Así que, ahora mismo, haz una lista de tus recursos externos. No descartes ninguna cosa porque te parezca ver en ella un posible obstáculo: el hermano con quien no has hablado en cuarenta años, el fondo de pensiones que supuestamente no puede tocarse. Te sorprenderá darte cuenta que, después de todo, no hay ningún obstáculo. Por ejemplo, hace poco leí algo sobre empresas que le ayudan a emprendedores a sacar el dinero de su fondo de pensiones para usarlo en negocios, sin ninguna penalidad.

Haz un listado de todas las cosas y todas las personas que puedan resultar útiles: la tierra que podrías convertir en un jardín de vegetales, el auto lujoso que podrías vender, el capital de propiedad de una casa que has tenido desde hace tiempo, el amigo que podría concederte un préstamo. Entre más conozcas lo que tienes para trabajar, mejor te sentirás y tendrás más opciones cuando llegue el momento de hacer un plan.

NOS VOLVIÓ A UNIR"

"Ha sido un año duro", dijo Helen. "Mi negocio de importación de muebles fracasó y mi novio de tres años me dejó. Había estado alejada de mi familia durante años, porque no estuvieron de acuerdo con que me aventurara sola a empezar un negocio. Con todo, eran mi mejor recurso para volver a levantarme. Así que me tragué mi orgullo y los contacté. Mis hermanas aprovecharon para darme un poco de "te lo dije", pero, en general, me recibieron con los brazos abiertos, me ayudaron a establecerme en un apartamento y me dejaron ser parte del negocio familiar de nuevo. Aún estoy sanando del dolor que eso me causó, pero estoy agradecida porque todo esto nos volvió a unir".

Sé como los nativos americanos

Estoy donde estoy porque creo en todas las posibilidades
—**Whoopi Goldberg**

Estaba hablando por teléfono con Sheila. Le había estado colaborando para ayudarle a convertirse en la directora de una organización sin ánimo de lucro en la que trabajaba hace diez años. Le había estado apuntando a la dirección desde hacía mucho tiempo y pensaba que era un hecho. Ahora, la situación había cambiado. La junta reorganizó el personal y, por lo tanto, el camino que Sheila tenía planeado se truncó. Estaba desesperada, lista para salir por la puerta, lanzando un ataque mientras partía. "Sabía que no podía obtener lo que quería", dijo. "Nunca lo consigo. Estoy devastada".

"Por supuesto que lo estás", repliqué. "Esto es un revés. Tenías una idea específica en mente y ahora se ha ido. Cuando solo vez una opción, es como ser un conejo en un hueco y tener un zorro que mete su nariz en tu única ruta de escape. La parte emocional de tu cerebro percibe el peligro y te hace entrar en el modo pelar o huir. Lo que necesitas es construir una serie de puertas adicionales para que la parte emocional de tu cerebro se calme y pongas a funcionar la parte pensante. Quiero que pienses en siete maneras distintas de lidiar con este problema".

"¿Por qué siete?", me preguntó.

"Porque los nativos americanos dicen que si no puedes pensar en siete opciones, tu pensamiento es incompleto. No estoy segura de que haya algo mágico en el número, a excepción de que te permite generar muchas posibilidades. Está bien si no todas son realistas. Es solo una lluvia de ideas".

"Okey. Una, podría renunciar. Dos, podría aceptar que nunca seré jefe. Tres, podría quedarme con resentimiento en el puesto que ahora ocupo. Cuatro, podría dispararle a la nueva jefe de la junta directiva que se interpone en mi camino. Cinco, podría hablarle mal a toda la compañía de ella a sus espaldas para que también la odien. Seis, podría ser su amiga y ayudarle, para que se dé cuenta que soy invaluable; luego, cuando ya sea mi aliada, puedo hacerle saber mi deseo de ser líder. Siete, puedo ir a la junta y exigir que escojan a una de las dos ahora mismo".

"¿Qué es lo que realmente quieres y cuál de estas siete cosas puede servirte más para lograr lo que quieres?", le pregunté.

"En verdad, amo esta organización y me encantaría dirigirla. No estoy segura de poder hallar otra situación que sea tan buena para mí. La mejor idea es volverme amiga de esta mujer".

Así que eso fue exactamente lo que hizo. Y ahora, un año después, Sheila, en efecto, está liderando la compañía. No obtuvo el título que había imaginado para sí misma, pero, de todas las otras maneras, incluyendo salario, ha conseguido lo que deseaba de corazón.

Cuando el cambio genera obstáculos que se atraviesan en el camino de lo que queremos, es una tendencia natural en los humanos el caer en la autocompasión, la ira o el resentimiento. Esto viene de sentirse como el conejo atrapado. Sin embargo, al expandir nuestro pensamiento, podemos encontrar una salida.

He hecho esto con cientos de personas y en verdad funciona, siempre y cuando estén dispuestas a dejar ir esa manera tan precisa en que habían imaginado que se darían las cosas. Tantas veces nos quedamos varados en el "cómo" y perdemos de vista el "qué". Por eso, le pregunté a Sheila lo que en realidad quería.

Entre más sepas eso, más querrás buscar rutas alternativas, siempre teniendo en mente a dónde deseas llegar. Sheila no entendió la idea general, y también debimos trabajar en eso ella y yo. Se dio cuenta que, para ella, el trabajo era más importante que el título, así que podía dejar eso ir. Ella nunca habría obtenido el trabajo que le ofrecieron de no haber expandido su pensamiento cuando se sintió atrapada.

Recientemente, Denise, una amiga mía que vive en Nueva York, pasó por un divorcio y estaba intentando reducir sus gastos mensuales. Cuando terminó de hacer cuentas, descubrió que su auto le costaba $900 dólares al mes. "Pero no puedo vivir sin un auto", le dijo a una amiga. Su amiga le ayudó a ver que tenía otras opciones. "Hoy en día", me dijo muy orgullosa hace poco, "soy una experta en rentar autos. Sé cómo conseguir los mejores tratos y quién te llevará una carro hasta la puerta de tu oficina".

Siempre hay más de una manera de lidiar con tu situación, incluso cuando no puedes escoger y preferirías tener diferentes opciones. Si no lo puedes hacer fácilmente por tu cuenta, haz esta lluvia de ideas con un amigo. Cuando echamos un vistazo a las múltiples posibilidades, incrementamos nuestro nivel de libertad y, por lo tanto, incrementamos la posibilidad de alcanzar un resultado satisfactorio. De lo contrario, tendemos a quedarnos tristemente atrapados en un hueco sin salida. Esa no es ninguna manera de vivir tu vida.

¿CUÁL ES LA SIGUIENTE MEJOR OPCIÓN?

Si estás varado en tus pensamientos y no puedes dar con siete opciones porque estás enfocado en lo que quieres pero no puedes tener, pregúntate: "¿Cuál es la siguiente mejor opción?". Eso fue lo que hizo Rachel. Cada año ella y su familia alquilaban una cabaña en un club de playa y así lo habían hecho por diez años. Su esposo es un gerente cuyo fondo de cobertura colapsó, y necesitaban acortar todos los gastos innecesarios hasta que volvieran a estar económicamente bien. Rachel se molestó mucho con lo del club de playa, sentía que les estaba quitando algo muy importante a sus niños. Hablamos de la segunda mejor opción, que era alquilar un casillero en el club en lugar de una cabaña entera (casi un tercio del precio) y levantar una carpa en la casa de un amigo durante los días necesarios. ¿Sería lo ideal? No, pero le permitiría conservar lo que es importante para ella, que es un lugar al que sus niños de ciudad puedan ir los fines de semana del verano. ¿Cuál es tu versión de la siguiente mejor opción?

Crea las reservas necesarias

El cuidado personal nunca es un acto egoísta, es simplemente el manejo adecuado del único don que tengo
—Parker Palmer

Ruth trabaja en una organización de alta tecnología y se siente miserable. Sus requerimientos laborales han cambiado y su posición se ha convertido en un terrible ajuste. Me ha contratado para que le ayude a buscar un nuevo empleo. Trabajamos en identificar sus talentos e intereses y elaboramos una propuesta de las cosas que tiene para ofrecer. "Lo bueno de tu empleador es que es inmenso", le dije emocionada un día. "Armada con esto, puedes trabajar muchísimo en red y encontrar un mejor puesto, ¡más apropiado para ti!". "Pues", me respondió, "No creo tener la energía para hacer eso".

¿Está loca Ruth? ¿Es perezosa? No lo creo. Simplemente está señalando una verdad: salir de su oficina e importunar a otras personas *es* un mayor esfuerzo que seguir haciendo su trabajo actual. Esa es una de las razones por la cuales aprender a adaptarse es tan difícil. Por la forma en que nuestros cerebros están estructurados, se requiere de una gran energía para cambiar. Como lo mencioné antes, el cerebro está diseñado para aprender algo y luego llevar eso a cabo de manera automática y así conservar la energía. Fue el psicólogo Donald Hebb quien primero identificó, a final de los años cuarenta, que, en el cerebro, "Las células cerebrales que atacan juntas se terminan uniendo". Por ejemplo, cuando de niño aprendiste a amarrarte los zapatos, tus células atacaron en una secuencia particular; a medida que practicaste, las células se unieron de una manera que ahora está grabada en tu cerebro. No tienes que pensar en cómo amarrarte los zapatos y casi no gastas energía en ello.

Recuerdo muy bien estar en este modo automático durante el tiempo en que fui editora ejecutiva de *Conari Press*. Tuvimos un *bestseller* y pronto estábamos produciendo un libro tras otro en el mismo formato, vendiéndolos a manos llenas. Era divertido y fácil. Fue un estrellón fuerte cuando dejó de funcionar. De repente, teníamos que trabajar duro y pensar más de una vez en cada detalle, desde el concepto hasta la carátula y el título de mercadeo. Mi cerebro estaba definitivamente más cansado.

Dado que la adaptación requiere más esfuerzo, tuvimos que fortalecer nuestras reservas de energía. Considera eso una parte de la descripción de tu trabajo como maestro del cambio. Simplemente debes cuidar más de ti mismo o no serás capaz de hacer frente.

Por eso a Ruth, en lugar de darle un sermón sobre cómo debía salir allá afuera y trabajar en red, le ofrecí la siguiente práctica que creamos en PTP luego de leer *El poder del pleno compromiso*, de Jim Loehr y Tony Schwartz. Loehr y Scwartz dicen que los trabajadores deben ponerse retos como lo hacen los atletas de alto rendimiento. Los atletas tienen estrategias para mejorar (por ejemplo, alzar pesas) y también estrategias para recuperarse (por ejemplo, descansar). Para tener una máxima energía, necesitamos estrategias de mejoramiento y recuperación en todos los dominios de nuestra existencia: física, mental, emocional y espiritual. La hoja de trabajo en la página 181 te da una idea de dónde estás ahora y te señala hacia dónde es posible que quieras ir.

Esto es lo que tienes que hacer. En cada sección —física, mental, emocional y espiritual— piensa en lo que estés haciendo que te mejore y te recupere. Escríbelo en el espacio que se te da. Luego califícate en una escala del 1 al 10, evaluando qué tan bien haces cada una, donde 1 es muy bajo y 10 extremadamente alto.

Por ejemplo, mis estrategias de mejoramiento físico son nadar en el verano y hacer treinta minutos de elíptica el resto del año. Me califiqué con un 5 (es probable que no sea suficiente, pues no lo hago todos los días). Para recuperación física, me meto a la tina caliente, me recuesto y leo una novela, y duermo nueve horas en la noche. Me califico con un 8 (pues hago eso casi a diario). Mentalmente, me estoy retando a escribir un libro nuevo, a dar con ideas que ayuden a mis clientes y a lidiar con un hijo que atraviesa por la pubertad. Me doy un 7. En recuperación, me meto a la tina y me recuesto y leo, y duermo entre ocho y nueve horas en la noche (¿Puedes advertir un patrón?). Me doy un 8. Emocionalmente, me reto a no dejarme llevar por el miedo viendo cómo la economía se contrae. Me daría un 9. Para recuperarme, hablo con amigos, me meto a la tina y medito. Me daría un 6. Lo espiritual puede referirse a prácticas religiosas o puede ser la manera en que sientes que vives tus valores y sientes tu conexión con un ente superior. En mi extensión espiritual, diría que medito y practico mi gratitud, y me daría un 4, pues he acoplado lo de la gratitud, pero rara vez medito. Para recuperarme espiritualmente, leo libros inspiracionales y hablo con ciertos amigos. Por ahora, me doy un gran 0.

Tus estrategias serán distintas. Eso está bien. Solo adviértelas. Por ejemplo, uno de mis clientes nada todos los días asumiendo eso tanto como una estrategia de extensión física como una de recuperación mental y emocional. No hay una sola manera correcta.

Cuando Ruth hizo eso, descubrió que sus números de extensión eran muy altos y los de recuperación muy bajos. Decidió volver a tomar una clase de yoga y meditación que antes había tomado. Eso la está ayudando a tener la energía de salir y obtener a un nuevo trabajo.

El cuidado personal no es opcional cuando estamos nadando en las aguas turbulentas del cambio. Asegúrate de fortalecer tus reservas.

No te adentres en terreno salvaje sin tu brújula

Este es nuestro propósito: hacer de esta vida lo más significativo posible que se ha depositado en nosotros; vivir de tal manera que podamos estar orgullosos de nosotros; actuar de tal manera que una parte de nosotros perdure
—Oswald Spengler

Joe acaba de ser despedido. Me dice que ya ha pasado por esto tres veces. "¿Qué hiciste las veces anteriores?", le pregunté. Procedió a decirme lo que había hecho en cada caso, y un patrón empezó a surgir. Así es como lo puso: "Me pongo en mayor contacto con lo que amo y con cómo quiero contribuir, y luego salgo a convencer a alguien de que cree un trabajo para que yo haga eso".

Sin estar totalmente consciente de ello, Joe está utilizando su sentido de propósito como una brújula, y esa es una poderosa herramienta de navegación durante el cambio. ¿Recuerdas lo que hablamos sobre el desafío, el control y el compromiso? El compromiso es otra manera de hablar de propósito. Las personas resilientes tienen un mayor contacto con su sentido de propósito cuando se enfrentan a un cambio, y buscan maneras de incrementar el significado que hay en lo que contribuyen. Genial, dirás, pero no estoy seguro de cuál sea el mío o cómo descubrirlo.

Creo que muchos de nosotros estamos confundidos con esta noción de propósito. Creemos que se trata de un rayo que viene del cielo —¡estás destinado a acabar con el hambre en el mundo!— que nos da un empujón hacia un camino del cual nunca nos desviamos. Así no es como funciona, al menos para la mayoría de nosotros. Como lo dijo Joseph Campbell y se lo digo yo a mis estudiantes con frecuencia, si puedes ver el camino que te han puesto por delante, entonces no es el tuyo. El camino siempre es un misterio para el alma que anda por él. De hecho, buscar el camino y vivir el misterio es lo que nos pertenece. Solo al volver la vista atrás podemos ver la senda que hemos creado tanteando en la oscuridad.

Con todo, hay maneras de acercarnos a nuestro sentido de propósito. En su libro *I Will Not Die an Unlived Life*, Dawna escribe sobre cómo el propósito es más una constelación que una estrella. Está compuesto de cuatro elementos que, al unirse se, vuelven una brújula que podemos usar en nuestro camino por lo desconocido. Forman el acrónimo VIVE:

V: ¿Cuáles son mis valores? ¿Qué es lo que en realidad me importa?

I: ¿Cuáles son mis talentos internos?

V: ¿Qué es lo que verdaderamente amo hacer?

E: ¿Qué entornos sacan lo mejor de mí?

El educador de la Universidad de Harvard Howard Gardner descubrió la importancia de esta brújula cuando investigó sobre personas que enfrentaban crisis en la mitad de su carrera. Las preguntas que las personas

	TUS ESTRATEGIAS	¿Qué estás haciendo?
Físico	Extensión:	1 — 10
	Recuperación:	1 — 10
Emocional	Extensión:	1 — 10
	Recuperación:	1 — 10
Mental	Extensión:	1 — 10
	Recuperación:	1 — 10
Espiritual	Extensión:	1 — 10
	Recuperación:	1 — 10

deberían estar haciéndose sobre el trabajo, dice él, son: "¿Se ajusta a tus valores? ¿Evoca excelencia? ¿Eres altamente competente y efectivo en lo que haces ¿Evoca... alegría? Decide qué es lo que realmente te gusta hacer y lo que te gustaría pasar tu vida haciendo. Aquello es más importante que decidir cuál empleo conservar, pues el panorama laboral está cambiando de manera rápida y radical. Luego pregúntate: ¿En dónde puedo llevar a cabo tal trabajo? Y sé flexible con las posibilidades".

Cuando trabajo con las personas en esto, les ayudo a ver cada elemento y luego a usarlo como un sistema de filtro a la hora de evaluar sus opciones. En las siguientes dos secciones, tendrás la oportunidad de examinar las letras del acrónimo I (talentos **internos**) y V (**valores**). Aquí vamos a ver la segunda V (lo que **verdaderamente** amas hacer) y la E (los **entornos** que sacan lo mejor de ti). Tomaremos a Marc como ejemplo.

Le pedí a Mark que hiciera una lista de las cosas que verdaderamente le gusta hacer (V). Aquí esta:

- Unir personas e ideas: trabajar en red
- Empezar algo desde cero
- Asociarse con otros
- Crear experiencias

Esta es su lista de los entornos que sacan lo mejor de él (E):

- Mucha autonomía y libertad pero no trabajar solo
- La oportunidad de empezar algo nuevo

- Contar con otras personas para poner en marcha el plan

- Tiempo en soledad

¿Notas una sobreposición? Puede que también puedas verlo en los talentos y valores. Con frecuencia, hay fuertes temas en común entre los cuatro elementos que yo siempre asumo como una pista de que has alcanzado el punto óptimo del propósito.

Ahora es tu turno. Cuando hagas una lista de lo que amas, asegúrate de nombrar cosas qué hacer, no personas. En entornos, considera los estímulos, el ritmo, las personas, las actividades que sacan lo mejor de ti.

Recuerda la primera parte de este libro, cuando hablé sobre las diferencias que hay entre tu comportamiento y tú. Durante estos tiempos de cambio, puede que seas llamado a emprender acciones que preferirías no hacer. Sin embargo, si tienes claro cuáles son las cosas que amas y los entornos que sacan lo mejor de ti —personas, lugares y otros recursos—, puedes estar seguro de incluirlos en tu día, también, para así proporcionarte la resiliencia necesaria para hacerle frente a las actividades no deseadas. Por ejemplo, debo hablar con alguien con quien no quisiera. Entonces, me aseguro de tomarme un tiempo para recostarme en mi bañera y leer, ya que eso saca lo mejor de mí y me ayuda a adaptarme de manera más eficiente.

Ponerme en contacto con estas cosas hace que la luz que hay en mí brille más, no importa lo que el mundo de afuera me esté pidiendo. Te recomiendo mucho que después de examinar los cuatro elementos de VIVE por separado, vuelvas sobre ellos y busques temas en común. Pregúntate: "¿Qué dice esto de mi propósito y de hacia dónde quiero ir en este momento de mi vida?".

Cuando Joe hizo eso, fue más claro para él que iba a encontrar su propósito creando oportunidades para la gente y nuevas ideas para unirse a través de alianzas con otros. Podía hacer eso en línea, planeando eventos y con cualquier número de organizaciones. Podía hacerlo en el desarrollo de nuevos productos, en mercadeo o en comunicaciones. Tiene una línea de enfoque muy flexible. Eso es lo que tener un propósito hace por ti; es un una brújula que te ayuda a orientarte sin encasillarte demasiado en una dirección.

"RETROCEDER Y PERMANECER EN SILENCIO"

"Esta crisis me tiene recortando todo", me dice Angelina, la dueña de una compañía de construcción. "En lugar de afanarme siendo reactiva, he reducido la velocidad y me he vuelto introspectiva durante el bajón. Lo he utilizado como una oportunidad de retroceder y permanecer en silencio para trabajar en mi desarrollo espiritual y crecimiento personal. Esto me ha permitido responder de manera más efectiva a mi esposo, mis empleados y mi negocio".

¿Cuáles son tus talentos internos?

Si los seres humanos son percibidos como potenciales en lugar de cómo problemas, como poseedores de fortalezas en lugar de debilidades, como ilimitados en vez de aburridos y faltos de respuestas, entonces se esfuerzan y sus capacidades crecen
—Bob Conklin

El esposo de Lisa tuvo que tomar un puesto en otro estado, pero ella y sus tres hijos no se pueden mudar, porque no pueden vender su casa. Así que ella debe aprender a ser una madre soltera, al menos temporalmente. "Me preocupa cómo voy a llevar a cabo toda la logística. Cómo, por ejemplo, salir en las mañanas. No soy buena para eso". "¿Qué hay de lidiar con los sentimientos, los tuyos y los de tus hijos?", pregunté. "Oh, eso es fácil", respondió.

Sin saberlo, Lisa me estaba diciendo algo sobre ella misma y sus talentos internos, la I de sus elementos VIVE. Hay muchas maneras de pensar en los talentos, pero, cuando usamos el término en PTP, no estamos hablando de la habilidad de tocar un instrumento o de encestar un balón. Estamos hablando de tus talentos en lo que se refiere a pensamiento, de las formas habituales en las que te enfrentas a los problemas. Todos tenemos maneras distintas de hacerlo, razón por la cual dos personas pueden mirar una misma situación y ver aspectos diferentes en ella. Nuestro pensamiento dominante nos ayuda a determinar a qué les estamos prestando atención en una determinada situación.

Cuando nos ponemos en mayor contacto con nuestros talentos de pensamiento, podemos utilizarlos de forma aún más consciente, entrenarnos más en ello y volvernos aún mejores poniéndolos en práctica, lo cual aumenta nuestra capacidad de excelencia de acuerdo con las investigaciones de Gallup Organization.

PTP ha creado una evaluación para determinar tu combinación única de talentos de pensamiento, llamada "Cartas de pensamiento de talento", que puedes encontrar en www.ptp-partners.com. Aquí voy a pedirte que te concentres en un solo aspecto, lo que llamamos "Dominios de competencia". Estos se refieren a cuatro amplias categorías de pensamiento. Una vez sepas lo que son, te será muy fácil intuir cuáles suele utilizar tu mente. Algunas investigaciones de Hermann International hallaron que, de un millón de personas, el 60% utiliza dos de estos cuatro, 30% utiliza tres, 6% uno y solo 4% los utiliza todos. Son los siguientes:

- **Analítico:** se preocupa por los datos, los hechos, los números, por ser "lógico" y racional. Con respecto al dinero, le preocupan las formas de contar. En el tiempo, le preocupa el presente.

- **Procesal:** le preocupan los procesos, el análisis de operaciones, la logística, las tácticas. Con respecto al dinero, le preocupan las formas de ahorrar. En el tiempo, le preocupa el pasado, cómo se han hecho las cosas antes.

- **Relacional:** le preocupan los sentimientos, la moral, el trabajo en equipo, ayudar a la gente a crecer. Con respecto al dinero, le preocupan las formas de ayudar. El tiempo no es tan importante.

- **Innovador:** le preocupa lo novedoso, las posibilidades, las estrategias, el "plano general". Con respecto al dinero, le preocupan las formas de gastar en hacer cosas nuevas y divertidas. En el tiempo, le preocupa el futuro.

Advierte tus dominios más sobresalientes. ¿Cuáles son tus preocupaciones en cualquier situación dada? Como Ruth, ¿te energiza el cambio, te aburren los números y la rutina, eres altamente innovador y no entiendes de "problemas de la gente"? Ella hace parte del 6% de la población que solo es fuerte en un dominio. En su caso, el innovador. ¿O eres como Dan, muy bueno con los números y las rutinas e incómodo con los sentimientos y lo novedoso (analítico y procesal)? No hay bueno ni malo. Solo advierte lo que aplica para ti.

También debes saber si hay uno o más de estos que debas evadir. No solo es importante que sepas cuáles se encuentran en tu zona de confort, sino también cuáles no sueles usar o cuáles te intimidan. Tendemos a preocuparnos por el lugar donde no tenemos talentos, pues algo en nuestro interior sabe que carecemos del tipo de pensamiento que este requiere. Por eso, Lisa está preocupada por la logística de la situación, donde alguien más, por ejemplo, puede preocuparse por la parte sentimental. Su fuerte es el pensamiento Relacional, pero no el Procesal. Puedes utilizar esta información para determinar, como lo descubrirás en una futura sección, "A quién necesitas a tu lado", con quien debes asociarte para analizar bien tu situación. Eso es lo que hizo Lisa. Se unió con una amiga para crear un sistema mañanero que ha podido seguir más o menos bien, lo cual ha hecho su vida más fácil.

Sin embargo, ahora mismo concentrémonos en tus formas de pensar más dominantes. Esta es la materia prima que traes a cada situación en la que te ves envuelto. Entre más te involucres en situaciones donde las necesites, mejor serás en el desarrollo de esas tareas. Por ejemplo, es probable que no quieras que yo sea la persona que lleva a cabo una lluvia de ideas en desarrollo de productos, pues carezco de pensamiento Innovador. Sin embargo, soy muy buena en asociarme con personas que dan con grandes ideas y en ayudarles a hacerlas realidad por medio de mi talento Analítico, Procesal y Relacional. ¿Qué hay de ti?

Reevalúa tus prioridades

No permitas que una crisis seria se desperdicie. Y con esto me refiero a la oportunidad de hacer cosas que antes pensabas que no se podían hacer
—Rahm Emanuel, Alcalde de Chicago

Alex era un inversionista de alto vuelo que trabajaba para Lehman Brothers. Así que, ya sabes el final de la historia. Está sin trabajo y perdió casi todo su dinero. Hasta este cambio, había llevado una vida privilegiada: grandes casas, barcos, autos y trajes costosos, siempre vuelos de primera clase. Trabajaba y duro y jugaba rudo. Ahora, se quedó varado en sus vías. La pregunta que se sigue haciendo a sí mismo y a todo el que ve es: "¿Qué quiere decir todo esto?".

Alex ha recibido lo que un maestro espiritual que conozco llama un *shock* de vida. Un gran yunque cayó del cielo y lo dejó noqueado. Todo lo que alguna vez consideró importante se ha ido. Lo ha dejado preguntándose por el significado de la vida, así como lo que, hasta ahora, han sido sus prioridades y valores en gran parte no examinados.

Ese reevaluar es algo bueno. Por eso me gusta tanto la cita de Rahm Emanuel. Está en resonancia con lo que Barack Obama dejó en claro unas semanas después de su elección, que ve la "crisis fiscal como una oportunidad que se da una vez cada generación para repensar las prioridades de la nación", como Zachary Coile lo parafraseó en el *San Francisco Chronicle*. Una de las oportunidades que un cambio monstruoso siempre permite es echar un vistazo a nuestras prioridades, para ver si requieren de un viraje, y cómo hacerlo.

Hay muchas formas de ver tus prioridades. Puedes ver en qué gastaste tu tiempo, tu esfuerzo o tu dinero, y pensar en cómo debe cambiar eso. Mientras los cambios seguían agitando el mundo editorial, una amiga editora hizo justamente eso. "Miré en qué estaba empleando mi tiempo", me dijo, "y me di cuenta que tenía un número de autores problemáticos que se estaban llevando una inmensa cantidad de mi energía y mi tiempo con sus quejas, y yo no estaba recibiendo mucho a cambio. ¡Así que los dejé ir y me comprometí a trabajar solamente con gente con la que disfruto hacerlo!". Con frecuencia, los cambios dan inicio a otro tipo de cambio en las prioridades, que es más bien uno espiritual en el cual empiezas a preguntarte: "¿Qué es lo que ahora me importa en realidad? Dado lo que ha ocurrido, ¿cómo quiero vivir ahora?". Estas son preguntas profundas que pueden llevar a los que no estén familiarizados con ellas a aguas desconocidas. Este es uno de los regalos del cambio inesperado. Quizá por primera vez, nos permite examinar la primera V de nuestros elementos VIVE: nuestros valores y, a la vez, volvernos a conectar —o por fin conectarnos— con lo que más tiene sentido para nosotros.

Una vez le estaba ayudando a un cliente a hacer un proceso de calificación de valores —algo que también te invito a que hagas (remítete a: "¿Qué valores subyacen a las decisiones que has tomado en tu vida?")— en el cual analizas las decisiones que has tomado en tu vida y qué valores se ven representados en ellas. Ya he escrito sobre este ejercicio antes, pero lo incluyo aquí porque es una excelente manera de aclarar tus valores de vida. Las decisiones que tomamos son los mejores indicadores de los valores más queridos. Un valor es decidirse por algo, y ese algo es uno de nuestros valores, de lo contrario no lo escogeríamos.

"¿Qué pasa si te das cuenta de que has escogido todas las cosas equivocadas?", preguntó mi cliente con algo de lástima una vez le expliqué el proceso. "Pues bien", respondí, "si permites que la pena de esa nueva consciencia no te toque con vergüenza sino con la plena verdad, entonces puedes empezar a vivir a partir de los valores que te importan y así tomar decisiones distintas de ahora en adelante".

Ese es el proceso por el que atraviesa Alex. Es muy pronto para saber a dónde lo llevará.

Hace unos días, me encontré con una conocida y empezamos a hablar sobre los desafíos que enfrenta. Me dijo: "Es duro, pero también es una oportunidad de ver lo que en realidad importa. No es al gran auto ni la casa de recreo o salir a cenar, sino la belleza de lo simple y la alegría de conectarse con los seres amados y ayudarse los unos a los otros tanto como sea posible. Por mucho que estoy luchando para mantener mi negocio a flote, aprecio la oportunidad de recordar lo que es verdaderamente importante".

Recientemente, Oprah Winfrey escribió en la revista *O*: "Necesitamos un cambio en la manera en que pensamos en nuestras vidas. Es posible que debamos buscar muy en el fondo para hallar lo que importa. Algunas veces, cuando le pregunto a la gente lo que necesitaría para ser feliz, no saben qué decir". Espero que este cambio, sin importar lo que traiga, venga acompañado de una mayor consciencia de tu respuesta única a la pregunta de Oprah.

¿QUÉ VALORES SUBYACEN A LAS DECISIONES QUE HAS TOMADO EN TU VIDA?

Saca una hoja grande de papel. Al final, traza una pequeña V, como dos ramas de un árbol (mira mi ejemplo en la página 193). Piensa en la primera gran decisión que hayas tomado por tu propia cuenta. En mi caso, se trató de en qué universidad estudiar. Escribe ambas opciones, cada una en una rama. Para mí, se trataba de Cornell o Brandeis. En medio de la V escribe el valor que tu decisión representaba. Yo escogí Cornel y lo hice por su prestigio y su clima (falsa publicidad, pero…). Luego, de la rama que escogiste, dibuja otra V para la siguiente decisión importante y piensa en ella y en lo que representaba. Sigue haciendo eso hasta que tengas un árbol de tus decisiones con los valores que solías escoger. Luego, haz una lista de esos valores. Si has escogido por amor veinte veces, escribe amor veinte veces. Te hará ver cuánto lo valoras. ¿Qué te dice esta lista de las cosas que más te importan? ¿Son las mismas que ahora te importan? ¿Con qué valores en mente quieres tomar decisiones ahora?

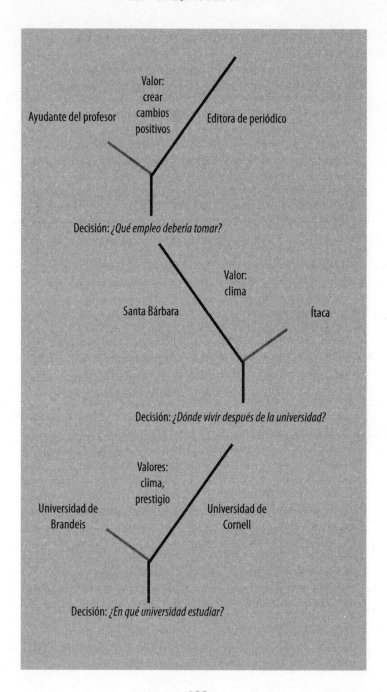

Valor:
crear
Ayudante del profesor · cambios · Editora de periódico
positivos

Decisión: *¿Qué empleo debería tomar?*

Valor:
clima

Santa Bárbara   Ítaca

Decisión: *¿Dónde vivir después de la universidad?*

Valores:
clima,
prestigio
Universidad de · Universidad de
Brandeis · Cornell

Decisión: *¿En qué universidad estudiar?*

Visualiza tu próximo capítulo

El dolor empuja hasta que la visión jala
—**Anónimo**

El negocio familiar de Mónica se vino al suelo hace unos meses. Primero, se sintió agradecida por la oportunidad de salir del trajín del trabajo, pero ahora tienes problemas para empezar de nuevo. "No sé qué es lo que está mal conmigo", me dijo en confianza, "siento ganas de rendirme y dormirme en un hueco durante los próximos diez años. ¿Qué es lo que está pasando?".

Mónica está en la mitad de una transición causada por un cambio que nunca esperó. Cuando esto sucede, uno de los capítulos de nuestra vida ha terminado y uno nuevo está por empezar. La incómoda brecha que hay entre uno y otro, donde podemos sentir malestar o incluso pánico, es la transición. Normalmente, no se siente muy bien, pero reconocer lo que está ocurriendo puede ayudar a aliviar un poco esa incomodidad. Lo mismo sucede si ves tu vida como un libro hecho de muchos capítulos.

Aprendí esta perspectiva de Candice Carpenter, una de las fundadoras de la compañía enfocada en productos para mujeres iVillage, entre muchos otros logros, en su libro Capítulo a capítulo. Ahora que todos vivimos más tiempo y el cambio se está acelerando, atravesaremos por muchos capítulos, cada uno con sus propios dramas, emociones, requerimientos y dificultades. Igual que ocurre con una gran novela, puede que no sepamos

187

bien a dónde nos llevará la historia y entonces nos sintamos perdidos o confundidos.

Me encanta el enfoque de Carpenter, pues nos hace darle sentido a nuestra vida como un todo y nos anima a buscar su narrativa bajo la superficie de las actividades del día a día. Este enfoque nos brinda un panorama amplio. Cuando trabajo con personas como Mónica, que están tambaleando debido a un cambio inesperado, les pido que vuelvan la vista sobre sus vidas y nombren los capítulos que hasta ahora han vivido y les den títulos como en un libro. Luego, para ayudarles a poner en marcha su pensamiento a futuro, les pregunto cómo les gustaría que se llamara el próximo capítulo de su vida. Eso es importante porque, como lo dice la cita que abre esta sección, "el dolor empuja hasta que la visión jala". Entre más estemos conectados con aquello hacia lo que queremos ir en nuestras vidas, más energía y entusiasmo tendremos para emprender ese viaje. Pero, recuerda, como sucede en un libro, no puedes saber con exactitud qué va a pasar en el capítulo que viene hasta que no lo hayas vivido. Eso es lo que hace que la vida sea tan emocionante ¡y retadora!

Mónica pasó algún tiempo pensando en los capítulos de su vida hasta ahora y lo que cada uno de esos dice sobre ella. Esto le ayudó a darse cuenta de que siempre ha sido apasionada por el medio ambiente, pero nunca ha tenido la oportunidad de vivir plenamente ese compromiso en su trabajo. Habiéndose puesto en contacto con un posible futuro que la emociona, ha titulado el siguiente capítulo de su vida "Mi dedo pulgar verde" y está en el proceso de buscar un trabajo en un campo ambiental que pueda hacer de ese título una realidad.

Vuelve la vista y dale títulos a los capítulos de tu vida. Luego, busca un patrón. ¿Cuál quieres que sea el título de tu próximo capítulo? Debe haber algo de emoción cuando lo tengas. Esa es una pista de que estás en contacto con algún deseo real.

Este no es un ejercicio ocioso. Yo lo hice cuando cumplí cincuenta años y me di cuenta de la cantidad de trabajo y esfuerzo que había tenido mi vida hasta ese punto. Así que, al siguiente capítulo le llamé "Hacerlo fácil". Al menos hasta ahora, mis cincuenta han sido la década de mi vida que ha requerido menos esfuerzo.

No solo estás a la merced de fuerzas externas. El cambio siempre genera que algo muera al igual que la posibilidad de un renacer. Tu vida tiene una trayectoria que es creada partir de una misteriosa combinación de presiones externas y anhelos internos. Como maestros del cambio, es parte de nuestro trabajo no solo acomodarnos a cualquier figura que se nos pida ser, sino usar la presión para volvernos más lo que en realidad somos y ofrecer más de lo que tenemos para dar.

¿A quién necesitas de tu lado?

Nuestra tendencia a crear héroes rara vez concuerda con la realidad de que la mayoría de los problemas no triviales requieren soluciones colectivas
—**Warren G. Bennis**

Cuando me da miedo el futuro, algo que ocurre con frecuencia, recuerdo una cosa sobre mí misma: soy buena asociándome con otras personas. Y las mejores parejas para mí son personas que sean muy buenas en pensar de forma innovadora. En una palabra, proveen el qué, la idea de hacia dónde debemos ir; y yo proveo el cómo, el mecanismo confiable de hacerlo. Como ya lo dije, el pensamiento innovador no es mi fuerte. Lo que se requiere durante el cambio es una inmensa cantidad de eso, así que estaría perdida si no me asocio con aquellos que sí son buenos en ello.

Estaba pensando en eso cuando hace poco leí un artículo de Rodd Wagner y Gale Mulleren en *Gallup Management Journal*. Ellos acababan de cumplir cinco años de investigación en asociaciones. En su texto, citaban al editor de *Forbes* Rich Karlgaard: "Construye a partir de tus fortalezas. Para mitigar tus debilidades —pues todos las tenemos—, asóciate. Encuentra tu complemento".

Este consejo nunca es más pertinente que cuando te estás adaptando al cambio de circunstancias. Desafortunadamente, dicen Wagner y Muller, su investigación muestra que las personas son "pobres en asociación". "El número más común de socios es... cero. Cuando les preguntamos si *alguna vez* habían tenido un gran socio en el trabajo, casi un cuarto de los empleados respondió que no". Esto resulta problemático, dicen, porque "incluso una sola fuerte relación de colaboración aumenta notablemente tu bienestar sobre los que trabajan solos".

No podría estar más de acuerdo. He aquí por qué: ya has descubierto tus dominios de competencia en la sección titulada "¿Cuáles son tus talentos internos?". Ya que solo el 4% de nosotros tiene talento en todos ellos, todos tenemos puntos ciegos en los cuales necesitamos apoyo, en especial ahora, cuando debemos adaptarnos con rapidez. Puede que, como yo, necesites de una pareja que sea buena visualizando el futuro o quizá una que tenga otro tipo de pensamiento. El presidente de una compañía de construcción que conozco que es muy bueno haciendo el trabajo, pero terrible con la administración del tiempo y el dinero, se acaba de asociar con una persona que es muy buena administrando proyectos, lo cual hace parte del dominio Procesal.

Una de mis clientas, que ha sido una solitaria colaboradora de una empresa de alta tecnología, acaba de ser promovida a un cargo que requiere dirigir un equipo de quince personas. Ella no cuenta con ninguna experiencia en esto y, además, no tiene talentos Relacionales. Su estilo de administración natural sería decirles a esas personas que se vayan, trabajen duro y la dejen en paz. Por fortuna, ella reconoce su vacío y ha venido a mí en busca de apoyo. Yo puedo darle herramientas y enseñarle técnicas, pero no estoy allí con ella cada día. Así que mi primera sugerencia fue que hallara a alguien de su equipo con quien asociarse que tenga un grandioso pensamiento Relacional. Ella ya está en la búsqueda.

¿Con qué tipo de persona o personas necesitas asociarte tú? ¿Qué tipo de pensamiento no es habitual para ti? Lo ideal es que tengas a alguien que, como lo señala el editor de *Forbes*, complemente tu tipo de pensamiento. Luego de haber hallado a alguien, viene la parte difícil: respetar a la otra persona y aprender de ella en lugar de permitirle que te vuelva loco. Recuerda que son socios porque cada uno de ustedes ofrece algo que el otro no tiene. Asegúrate de aprovechar las diferencias. Te dará una ventaja a la hora de adaptarte. Muy importante: no te desanimes si te toma un tiempo hallar a la persona indicada.

CONSEJOS PARA HALLAR A LA PERSONA INDICADA

- Asegúrate de que tu socio no esté en conflicto con lo que tú intentas hacer. Por ejemplo, el cambio por el cual estás pasando puede parecerle riesgoso a un esposo, así que puede que él o ella sin darse cuenta intente sabotearlo

- Verifica que te ayuden a avanzar, no a permanecer estancado. Con frecuencia, nos reunimos a quejarnos y creemos que eso es actuar. Quejarse está bien, siempre y cuando no sea eso todo lo que hagas

- Dependiendo de la situación y de quién eres, puede que necesites distintos socios que te provean distintas cosas: una persona que te provea de ánimo, una con la que puedes analizar tus opciones, una que te ayude a mantenerte responsable por lo que dijiste que harías

Mantén tus ojos puestos en la carretera, no en los huecos

Cuanto más nos detenemos en nuestras desgracias, mayor es su poder de hacernos daño
—Voltaire

Lana Calloway es la presidente de Exhibit Resources, una compañía que se especializa en diseño, construcción e instalación de exhibiciones de ferias comerciales. Debido a los ataques terroristas del 11 de septiembre, Lana y muchos de sus clientes debieron hacer recortes en su personal. Ella se dio cuenta de que coordinar detalles para ferias comerciales resultaba abrumador para muchos clientes que habían reducido sus presupuestos mercantiles. Entonces, la compañía de Lana empezó a ofrecer servicios clave de gestión de proyectos y, desde entonces, su negocio se ha disparado. Su historia es un perfecto ejemplo de cómo en cada crisis yace una oportunidad.

Esa actitud puede ser fuerte para muchos de nosotros, pues estamos enfocados en el problema, no en su potencial. Mírame a mí, por ejemplo. Yo vengo de la escuela "vuelve sobre tus preocupaciones de manera obsesiva y no ocurrirán, o al menos no serán tan graves como si las hubieras ignorado". ¿Te suena familiar? Más o menos durante los últimos doce años, he estado trabajando para cambiar ese patrón de pensamiento, porque no parece producir nada más que ansiedad, sin la cual puedo sobrevivir. Sin embargo, cuando el cambio me asusta, veo que mi mente va directamente hacia todo eso que no quiero que pase, en lugar de ir hacia lo que sí quiero que ocurra.

Una vez más, recordé el peligro de este comportamiento mientras leía *The Unthinkable*. En este libro, Amanda Ripley describe un fenómeno llamado "huecolismo": "Entre más miran los conductores los huecos, más probabilidades tienen de meterse en ellos". En lugar de concentrarte en evadir un hueco, dice Ronn Langford de la escuela de manejo MasterDrive, debes concentrarte en toda la carretera para ver por dónde manejas.

¡Qué mensaje para todos nosotros! Enfocarse en los problemas actuales o en los que puedan venir nos hará dirigirnos derecho hacia ellos. En lugar de eso, debemos expandir nuestra visión para ver toda la situación y enfocarnos en lo que queremos obtener de la nueva situación, no en lo contrario.

Una de las razones por las cuales esta lección es tan importante es porque, en presencia del miedo, nuestros sentidos se estrechan: tenemos visión, escucha y sensación de túnel. Es parte de ese viejo mecanismo de pelear o huir. Nuestras percepciones se estrechan para que solo nos enfoquemos en el peligro. Sin embargo, como lo señala la investigación de manejo de Langford, esto puedo ser peligroso dentro y fuera de sí, llevándonos a ir directamente hacia el problema en lugar de evitarlo. Cuando ampliamos nuestro enfoque y expandimos nuestra visión periférica, le decimos a esa parte primitiva de nuestros cerebros que no hay peligro y esta se apaga, permitiéndonos pensar más claramente en la situación.

Hay otra razón por la cual enfocarse en la carretera en lugar de los huecos es importante. Tiene que ver con lo que se trata en el libro *El secreto*. Puedes decir lo que quieras sobre ese *bestseller* masivo, pero, en lo que a mí compete, ahí hay algo de verdad. Todos tenemos la habilidad de emplear nuestra energía de tres formas: dinámicamente, para crear el impulso de la acción; receptivamente, para volverte consciente de lo que hay disponible a tu alrededor y dentro de cada uno de nosotros; y magnéticamente, para atraer hacia nosotros aquello que poderosamente deseamos atraer. *El secreto* se refiere a la energía magnética, la atracción de aquello en lo que nos concentramos de manera persistente.

El miedo es un elemento atrayente, pues nos imaginamos un mal resultado muy vivamente en nuestras mentes, generalmente sin saberlo. Nos hacemos una película de terror entera, con sonidos, luces y acción, lo cual jala hacia nosotros exactamente lo que no queremos, como los huecos. Así es como, de manera inconsciente, probablemente contribuimos a que una cosa mala suceda. Nota que digo contribuir, no causar. Hay muchos otros factores poderosos —sociales, ambientales, políticos— que están más allá de nuestro control y que influencian nuestra vida poderosamente. Por eso, no utilices esta lógica para apalearte si algo malo ocurre.

Con todo, como quiero incrementar mis oportunidades de éxito de todas las formas posibles, debo volver un hábito el prestarle atención conscientemente a lo que sí quiero que se dé en mi situación, y no a lo contrario, para que así la energía magnética esté de mi lado.

¿Qué hay de ti? Piensa en lo que quieres, en el mejor resultado de tu situación. Ahora imagina de la forma más viva posible que se da ese resultado: mira, siente y escúchate a ti mismo en la experiencia. Eso es lo que hacen los atletas olímpicos. El psicólogo Stephen Ungerleider, que presta sus servicios en el Registro de Psicología del Deporte del Comité Olímpico de los Estados Unidos, encontró que el 83% de los atletas encuestados se valieron de algún tipo de imágenes mentales positivas. ¿Por qué no has de hacerlo tú también?

Cuando te levantes cada mañana y justo antes de irte a dormir, tómate un minuto para traer a tu mente el vívido resultado positivo que deseas: un buen trabajo nuevo, un producto que venda, un socio que te ayude. Hazlo tan colorido, sonoro y real para ti como te sea posible. Imagina que tienes una caña de pescar en tu mano. Lanza tu anzuelo y pesca eso que tanto quieres. Estarás usando tu energía magnética para atraer lo que quieres. Durante el día, cada vez que te encuentres a ti mismo pensando en los huecos, cambia ese pensamiento por aquel del mejor resultado posible. Quizá esto no haga que ocurra un milagro, pero te garantizo que ayudará a evadir esos huecos de una manera más fácil.

PASO 3: ACTÚA

No esperes que algo grande suceda. Empieza en donde estás, con lo que tienes, y eso siempre te llevará a algo más grande
—Mary Manin Morrisey

Ahora es el momento de actuar con base en las opciones que obtuviste de tu lluvia de ideas y de lo que has aprendido de tus pasiones, talentos, valores y ambientes óptimos. Esta parte se trata de hacer un plan y actuar, evaluando tu progreso y revisando, en el camino, lo que deba ser revisado. Contiene secciones sobre las actitudes y comportamientos que te mantendrán en un buen lugar siempre y, sobre todo, cuando entres en la fase de acción de la AdaptAbilidad. Aprenderás por qué es tan importante la solución del 80%, por qué es bueno intentar varias cosas a la vez, por qué debes adoptar las habilidades de un actor de improvisaciones y por qué el revisar es una habilidad tan fundamental. Lo ideal es que las acciones que lleves a cabo y las correcciones que hagas no solo te ayuden a sentirte más en control, sino que pronto te hagan prosperar en tus nuevas circunstancias.

Crea una historia de posibilidad

*La adversidad hace que algunos hombres se rompan
y que otros rompan récords*
—William A. Ward

Estaba trabajando con Arlene, cuyo esposo había muerto a los cuarenta. Ya habían pasado muchos años, y ella no lo había superado, pues estaba convencida de que esa muerte le había arruinado su vida. "Yo siempre me imaginé que envejeceríamos juntos, pero él lo arruinó todo", se quejó ante mí. "Nadie quiere invitar a una viuda a una fiesta. Voy a estar sola el resto de mi vida. ¿Por qué me pasó a mí esto tan terrible?".

Como aprendiste en las secciones anteriores, nuestros cerebros están constantemente tomando lo que nos ocurre y sacando un sentido de eso. De cierto modo, cada uno de nosotros es un maestro relatando historias. Cuando el cambio nos trae desafíos a los que debemos adaptarnos, y quizá de maneras en que no quisiéramos, tenemos la opción de escoger. Podemos contarnos una historia como: "Debo mudarme con mi hermana. Mi vida entera está condenada y así será para siempre, todo es mi culpa". O, en cambio, algo como: "Mudarme con mi hermana es algo duro, pero aún hay cosas que puedo disfrutar y apreciar de mi vida; se trata de algo temporal; es algo que le pasa a muchas personas".

Como lo señala Martin Seligman en su libro *Aprenda optimismo*, la primera de estas es una historia con tres peligros: omnipresente (ha arruinado toda mi vida), permanente (siempre va a ser así) y personal (soy la única persona que debe pasar por esto, todo es mi culpa). Cuando nos contamos tales historias, con facilidad caemos en la desesperación. Nos quedamos varados y entonces adaptarse se hace más difícil, si es que podemos hacerlo. Como Arlene, nos llenamos de amargura y resentimiento, formas frías de ira que envenenan nuestro presente y nos impiden crear un futuro positivo.

El segundo tipo de historia le da la vuelta a esos tres peligros. Nos recuerda que, si bien la situación es desafiante, aún hay cosas hermosas en nuestras vidas (no invasivas), que las circunstancias pueden cambiar (no permanentes) y que no te están ocurriendo solo a ti (impersonal). Además, activa una cosa más, una que necesitamos de nuestro lado mientras nos adaptamos: posibilidad. Es lo que hace la diferencia entre si la adversidad nos rompe o nos lleva a romper un récord. Dawna le llama a la primera una historia vencida, un récord roto que nos mantiene estancados; y a la segunda, una historia río, pues nos lleva fluyendo hacia nuevas posibilidades.

Le expliqué a Arlene los dos tipos de historias y la animé a crear una historia río sobre circunstancias suyas en las que pudiera creer. Le dije que debería contener sus mismas circunstancias actuales, pero con una interpretación diferente. En un principio, no fue capaz de hacerlo. Estaba convencida de que su versión de la realidad era simplemente la verdadera. Sin embargo, a medida que trabajamos juntas, empezó a abrir su mente. Nada había cambiado a excepción de la manera en que se hablaba a sí misma de sus circunstancias. Eso le ayudó a disfrutar su vida un poco más. Después de un tiempo corto, terminamos nuestro trabajo.

De la nada, esta semana, me llegó un correo electrónico suyo titulado "Contando historias". Decía: "Historia 1: Mi esposo murió y me siento muy incómoda para llamar a una amiga, así que estoy tomando un bus lleno de extraños, sola, hacia Washington, a ver un museo. Historia 2: Siempre he envidiado a las mujeres que viajan solas y tienen nuevas experiencias. Así que voy a tomar un bus sola, lleno de nuevas personas, a explorar un museo en Washington que siempre he querido explorar. Lo estoy haciendo bien, ¿no?".

Ahora es tu turno. ¿Qué historia escoges para contarte a ti mismo el proceso de adaptación por el que estás travesando? Asegúrate de que sea una historia que incluya el factor indicado: posibilidad. He aquí lo que un cliente me dijo sobre buscar un trabajo: "Actualmente es un momento difícil para hallar un trabajo por culpa de la recesión. Con todo, mi situación es solo temporal. Voy a trabajar fuertemente en buscar y no preocuparme durante los próximos tres meses, pues estando desempleado tengo suficiente dinero para sobrevivir ese tiempo. Estoy seguro de que algo llegará; tengo muchos contactos".

Las historias sobre posibilidades nos mantienen pensando de forma creativa y productiva a medida que nos adaptamos. Mantén la tuya a la mano para que, en caso de que te encuentres pensando cosas negativas, te detengas a contarte una historia más útil. Es una estrategia que crea maestros del cambio.

PON AL TIEMPO DE TU LADO

Como es importante no sentirte estancado pensando que tu situación es permanente, es bueno que sepas cuál horizonte de tiempo es mejor para ti y tu cambio. "Yo nunca podría hacer eso de 'un día a la vez'", dice Roger, "pues eso nunca me permitiría adaptarme en realidad a hacer este trabajo que no me gusta. Lo que mejor me funciona es decirme a mí mismo que solo haré esto por seis meses y luego vendrá un descanso. Para mí, es un tiempo lo suficientemente largo para adaptarme a la situación, pero no tan largo para sentir que me quedaré ahí para siempre". ¿Qué te funciona a ti? A muchas personas les va bien con lo de un día a la vez: "Puedo aguantarme a mí desesperante jefe hasta la cinco, cuando puedo trabajar en mi portafolio". O una semana: "Voy a concentrarme en hacer un buen trabajo esta semana y no pensar más allá de eso". Otros, como Roger, necesitan de largos marcos. ¿Qué horizonte de tiempo te da a ti el mayor confort y comodidad?

Haz depósitos en tu propia cuenta de esperanza

Nunca ha habido nada de falso en la esperanza

—Barack Obama

Durante muchos años, Marta trabajó en una entidad sin ánimo de lucro y amaba hacerlo. Sin embargo, eventualmente se dio cuenta de que quería liderar una organización, no solo trabajar para una. Así que, a sus 45 años, renunció e hizo un MBA, volviendo al mundo laboral justo cuando los empleos escaseaban. ¿Y ahora qué? No lograba encontrar un trabajo así que, cerca de sus cincuenta, terminó mudándose con sus padres y ayudándoles a medida que su padre moría y su madre se deslizaba hacia el Alzheimer. Sin embargo, nunca perdió la esperanza de algún día liderar su propia fundación para niños que no pueden pagar una educación artística y musical, y, como resultado, siguió hablando de ello a dondequiera que iba.

Algún tiempo después, en un vuelo, debió sentarse junto a un hombre que terminó siendo un adinerado filántropo que se emocionó tanto con su idea, que decidió patrocinarla toda. Hoy en día, Marta está muy ocupada sacando adelante su fundación, agradecida de haber conservado su esperanza, de no haber dejado que su sueño se diluyera.

En la mitología griega, cuando Pandora abrió la caja y dejó salir todos los males que, desde entonces, han plagado el mundo, también dejó salir una pequeña hada que dijo: "Sí, es verdad que has liberado todas las aflicciones sobre el mundo, pero también me has dejado salir a mí. Soy la Esperanza y siempre estaré aquí para traerles ilusión a los seres humanos cuando estén en problemas".

Los griegos se proponían algo. Este mito va directo al corazón de la verdad: es muy difícil superar los reveses sin la esperanza. La esperanza ofrece un bálsamo para el alma en el momento dado, al igual que ánimo para seguir adelante. Recientemente, la psicología positiva ha empezado a explorar esta cualidad. El psicólogo Shane López lleva a cabo investigaciones y entrenamientos del papel de la esperanza en nuestra vida diaria. Dice que la esperanza son "las ideas y la energía que tienes para el futuro... se forma cuando el pensamiento sobre objetivos (quiero ir de aquí hasta allá) se combina con el pensamiento de caminos (conozco muchas maneras de ir de aquí hasta allá) y el de agencia (creo que puedo ir de aquí hasta allá)". Su investigación ha dado cuenta de una fuerte correlación entre la esperanza y un sentimiento de bienestar, y ha demostrado que las personas pueden aprender a tener más esperanza.

¿Qué quieres hacer en la situación en la que ahora te encuentras? La esperanza te ayuda a inclinarte por el mejor resultado tanto con tu imaginación como con tus pies, en términos de actuar. Como todas las otras emociones positivas, en efecto, te ayuda a ser más creativo y recursivo en tu pensar (de acuerdo con las investigaciones de la psicóloga Barbara Frederickson, las emociones positivas te hacen más consciente de lo que está ocurriendo y mejoran tu capacidad de notar los detalles y llevar a cabo tareas). La esperanza incrementa tu habilidad de superar dificultades y perseverar durante los contratiempos.

Hace unos años, conocí a una de las expertas mundiales en estrés, la Dra. Pamela Peeke, especialista en adaptación y ajustes. Uno de sus dichos favoritos: "Es lo que es", una filosofía muy buena para pasar rápidamente por la fase de aceptación de la adaptación. Ella es la persona que hizo la investigación sobre la conexión tensión-grasa y me introdujo al trabajo del padre de la investigación en estrés, el Dr. Hans Selye.

Selye, dice la Dra. Peeke, descubrió que el estrés es simplemente parte de la vida, el resultado natural de un organismo que se topa con un entorno en constante cambio al que debe adaptarse. Se dio cuenta de que lo peligroso es lo que él llamó "angustia", sentirse desesperado, impotente y derrotado en la presencia de esos cambios. Se trata de algo similar a lo que hallaron los expertos en resiliencia a los que me refería antes: entre más control tengamos sobre una situación y más significado positivo le demos a ella, mejor estaremos, pues así evitamos la inutilidad y la derrota.

Lo que quisiera resaltar aquí es la importancia de la esperanza mientras te adaptas: la energía que necesitas para poner tu plan en marcha y seguir nadando lo que sea necesario para llegar a la orilla. Seyle halló que, si estresaba ratas una y otra vez (algo como lo que debes estar sintiendo tú ahora), empezaban a dar señas de angustia crónica. En cambio, cuando, luego de haberlas estresado, las alzaba y las acariciaba, ese cuidado revertía los síntomas del estrés. Como escribió la Dra. Peeke en un artículo sobre medicina mente-cuerpo: "Las suaves caricias transformaron la percepción de desesperanza, impotencia y derrota del animal en esperanza". Los neuropéptidos de la esperanza (es decir, las hormonas de bienestar que son liberadas cuando experimentamos una emoción positiva) fluyeron a través del cuerpo, modulando y potencialmente eliminando la toxicidad del estrés físico".

A medida que te adaptas, debes tener esperanza en el mejor resultado. ¿Qué te da esperanza? ¿De qué manera puedes hacer crecer tu cuenta de esperanza ahora mismo? Yo lo hago recordando que he logrado llegar hasta este momento, pensando en todas las personas en mi vida con las que puedo contar si necesito ayuda y leyendo historias inspiracionales de personas que han superado las dificultades para hacer la diferencia. ¿Qué hay de ti?

Si has perdido toda esperanza y te sientes desesperado, impotente y derrotado por tu situación, o si te sientes suicida, por favor, por favor, busca ayuda profesional inmediatamente: un terapista, un grupo de apoyo, una línea de asistencia o un miembro del clero. La depresión y la desesperación son condiciones demasiado reales que agotan la energía y te dejan inmóvil. No puedes adaptarte bien y crear un futuro positivo en ese estado. La esperanza es una de las energías que necesitas para hacer frente a todo esto.

"PENSÉ QUE SOLO TENÍA QUE SEGUIR ADELANTE"

"Siempre he sido muy buena en hacer lo que se tenía que hacer", dice Sarah. "Pero siempre me enfoqué en el lado oscuro. Seguí andando, cargando a cuestas el peso del cambio que nunca esperé: no era justo ser adoptada, que mis padres fueran alcohólicos, que mi prometido me dejara, que tuviera que mudarme. La lista se alargaba indefinidamente. Pensé que solo tenía que seguir adelante acumulando penas. Nunca se me ocurrió que el cambio podía ser bueno hasta que finalmente fui diagnosticada con depresión y recibí el tratamiento apropiado. Hoy en día, me ha sido posible enfocarme en el lado positivo del cambio. Ver todo lo que he podido desarrollar en mí como resultado de las cosas por las que he tenido que pasar, al igual que las cosas buenas que han venido de los cambios en mi vida, incluyendo un esposo maravilloso e hijos que nunca habría tenido si mi prometido no me hubiera dejado. Soy capaz de enfocarme en los beneficios de adaptarse y, finalmente, he dejado mi carga tras de mí. ¡Me siento libre!".

La esperanza no es un plan

Aquel que vive de esperanza morirá ayunando
—Benjamin Franklin

Una amiga me estaba contando que a su marido, Jeff, un diseñador *freelance*, no le han resultado nuevos proyectos desde hace un año. "Antes", dijo, "alguien siempre llegaba en su rescate y hallaba algo para él. Así que él tiene esperanza de que eso pase de nuevo. ¡Pero la esperanza no es un plan!".

Qué importante verdad esa, que la esperanza no es un plan, como también alude a ello Benjamin Franklin en la cita que abre esta sección. Necesitamos de la energía de la esperanza como un salvavidas emocional y de su biología para reparar nuestro cuerpo y nuestra mente de los estragos del estrés. Con todo, necesitamos más, pues, de lo contrario, nos quedaremos estancados pensando en lo que queremos. Esto es muy irresponsable, porque nos mantiene al margen de la acción: "De alguna manera, este problema tendrá que irse y entonces mi vida será un lecho de rosas. No debo hacer nada en realidad para que mi deseo se haga realidad". Sí, necesitamos esperanza; pero también necesitamos un plan.

De manera que, ahora que has expandido tus opciones, es hora de articular tu plan. ¿Cómo vas a adaptarte a este cambio? Hazlo tan concreto como sea posible; "buscar otro empleo" no es un plan, pues no está atado a una acción concreta. Debes saber qué acciones vas a emprender: poner tu hoja de vida al día, llamar a todos tus conocidos, revisar páginas web de empleo, asistir a eventos de la industria, etc.

Las personas cometen este error crucial todo el tiempo. Trabajo con una organización en la cual las personas están creando planes de aprendizaje para lidiar con los cambios en la industria. Cada persona tuvo que escribir tres cosas que pensaba hacer. He aquí dos ejemplos de las cosas que escribieron: "volverme mejor entrenando un equipo", "construir un mejor enfoque de negocios". ¿Puedes ver el problema? No traen una acción consigo.

¿Cómo se van a volver mejores en estas cosas entonces? Estas son solo aspiraciones, no un plan de acción. Si no sabes el cómo, entonces no tienes un plan que valga. De hecho, es menos que eso, pues piensas que estás haciendo algo cuando en realidad no es así.

Como escribí en mi libro *This Year I Will...* para tener éxito, necesitas un plan de acciones SMART.

SMART quiere decir:

- **S**upremamente específico: sabes precisamente cuál es la acción
- **M**edible: puedes saber cuándo lo has logrado
- **A**lcanzable: es posible hacerlo
- **R**elevante: se relaciona con el problema del momento y tiene importancia para ti
- **T**iempo límite: hay una fecha límite implícita

Cuando se los enseñé, los dos clientes de los que hablo cambiaron sus aspiraciones hacia metas SMART: "Volverme mejor entrenando a mi equipo asociándome con Sam, que es muy bueno en ello, y asistiendo a las conversaciones sobre desarrollo que está teniendo con estas personas durante el próximo mes y viendo cómo lo hace"; "crear un mejor enfoque de negocios tomando un curso en fundamentos de las finanzas en el primer cuatrimestre de 2009".

He aquí otro ejemplo. La compañía de Óscar está planeando una reducción de personal el próximo mes, y su objetivo es conservar su trabajo. Esta es su meta SMART: "Voy a incrementar mis posibilidades lanzando el boletín electrónico que el jefe ha estado esperando una semana, manteniéndome al día en el resto de mi trabajo". Es supremamente específico (va a hacer el boletín electrónico); medible (cuando esté hecho, estará terminado); alcanzable (es posible hacerlo); relevante (el jefe lo ha estado esperando y a nuestro hombre le interesa conservar su trabajo); y tiene un tiempo límite (lo hará en una semana).

Así que ahora es tu turno. Asegúrate de ser SMART en lo que vas a hacer. Debes saber lo que significa el éxito para que sepas cuando hayas llegado allí. Con algunas cosas, como, por ejemplo, pagar una deuda, es fácil: es cuando ya no debes nada. Sin embargo, para otros cambios, como conseguir más clientes, debes proponerte a crear medidas de éxito. ¿Cuántos más? Y mantén los tiempos límite cortos: no hagas un plan en el cual te tome tres meses ver si te está llevando a donde quieres.

Cuando estés listo para avanzar, detente un momento para estar seguro de que has creado una meta SMART. Es una herramienta crucial para crear el éxito que quieres.

Lanza las bolas al aire

Nos volvemos más efectivos de forma inmediata cuando decidimos que nosotros mismos debemos cambiar, en lugar de pedir que las cosas cambien por nosotros
—Stephen Covey

Estoy trabajando con dos personas de una misma compañía grande que atraviesa por un tremendo flujo: la división para la que trabajan se ha reorganizado unas seis veces durante los últimos dos años (yo a eso le llamo caos, ¡no organización!). En teoría, estoy haciendo lo mismo con cada uno: ayudándoles a construir su marca y a hallarles un rol preciso dentro de esta organización cambiante. Con todo, las conversaciones con cada uno son muy distintas.

Maia siempre llega con una lista de las acciones que ha emprendido desde nuestra última conversación. Tiene clara su marca y se está poniendo en contacto con todas las personas que puede para dejarles saber en lo que es buena y lo que anda buscando. Ahora está escogiendo entre varias ofertas, pues las personas dentro de su compañía compiten por su talento.

Por otro lado, Larry no está teniendo los mismos resultados. No se siente cómodo andando por varios caminos a la vez. Se la pasa mirando la cartelera de trabajos internos de la empresa, aplicando a uno solo y esperando a saber si lo obtuvo para luego aplicar al siguiente.

En términos de dominios de competencia, Larry tiene un alto nivel de pensamiento Procesal que lo hace ir paso a paso. Maia tiene mucho de Innovador, por eso se siente cómoda con la acción simultánea. Por desgracia para Larry, los tiempos en que vivimos no tienen mucho tiempo para la acción secuencial. Esto simplemente tarda demasiado. Los rumores en la compañía dicen que se viene un congelamiento en las contrataciones, lo cual, si es cierto, implicaría que a Larry no le va a ir muy bien. En lugar de adaptar su comportamiento al contexto actual, Larry insiste en hacer todo de la misma vieja manera, lo cual no juega a su favor.

Aunque por naturaleza *pienses* o no de manera secuencial, lo más probable es que ahora *no te sea posible* llevar a cabo las cosas secuencialmente. Las circunstancias, simplemente, se están moviendo y fluyendo demasiado rápido como para seguir un solo curso de acción hasta su final antes de empezar a intentar otra cosa. La simultaneidad crea una ventaja, pues cuando tienes más de una bola en el aire, incrementas las probabilidades de que algo salga de, al menos, una de ellas.

Mira a Luis, por ejemplo, que tuvo que cerrar su negocio en la web. Está aplicando a empleos en distintas compañías mientras que les ofrece sus servicios de consultoría a los contactos que creó a través de su negocio previo. Incluso si consigue un trabajo de tiempo completo, es muy probable que pueda seguir ofreciendo consultorías por su cuenta, obteniendo así mayores ingresos y una estabilidad en caso de ser despedido.

Por eso, les sugiero a las personas, sin importar cuál sea su problema, intentar emprender varias acciones a la vez, buscar trabajo en una oficina e intentar un trabajo desde la casa. O, por ejemplo, buscar un distribuidor de tus productos mientras desarrollas una estrategia *online*. Se trata de vender tu casa al mismo tiempo que buscas arrendarla o intentar tratamientos de fertilidad y averiguar sobre adopción.

No puedes tener una mente cerrada frente a las cosas que intentas hacer. Debes explorar las opciones y hacer algo a través de un espectro en paralelo y no de manera secuencial. Si necesitas ayuda para saber cuánto tiempo emplear en cada área, remítete al cuadro de "¿En dónde deberías estar empleando tu tiempo?".

Para asegurarte de estar detrás de suficientes opciones, vuelve a tu meta y asegúrate de que incluya acciones SMART a través de un espectro. Si, por naturaleza, no piensas en paralelo, busca ayuda de alguien que sí lo haga. Entiende que si te llega a parecer extraño, ahora ya sabes por qué: no es tu forma natural de pensar. Pregúntate qué tipo de ayuda vas a necesitar para pensar en paralelo.

Eso fue lo que hice con Larry. Una vez le expliqué lo que estaba haciendo y por qué no le estaba funcionando, se dio cuenta de que necesitaba mucha práctica para ponerse en sintonía, incluso cuando no había un trabajo específico en juego. Ensayó conmigo y con varios amigos y ahora ha empezado a trabajar más efectivamente en red de dentro de su organización; incluso ha oído de una posibilidad donde él encajaría perfectamente.

¿EN DÓNDE DEBERÍAS ESTAR EMPLEANDO TU TIEMPO?

Esto es un ejemplo de un modelo de mercadeo, pero puede aplicarse a cualquier situación en la cual necesites llevar a cabo esfuerzos en muchas direcciones a la vez. Imagina que eres el director de proyectos de una pequeña compañía de alimentos y has sido despedido. Lo más fácil de hacer es: (1). Presentarte a otro competidor haciendo lo que ya sabes hacer. (2). Venderte en otra área (como director de proyectos en una compañía de salud en lugar de una de alimentos). Lo más difícil es: (3). Cambiar de compañías y de campo (por ejemplo, diseñar productos para una compañía de tecnología). De manera que quieres dirigir más esfuerzos hacia (1), algunos hacia (2) y muy pocos, pero no ninguno, hacia (3). Después de todo, puede que tengas que cambiar de carrera. Tus acciones con respecto a (3) pueden ser averiguar más sobre este campo, qué entrenamiento se requiere y cuáles son las oportunidades en lugar de aplicar a trabajos, que es lo que debes hacer en (1). Para la opción (2), puedes trabajar en red y preguntarles a las personas qué se requiere para hacer este cambio. Asegúrate de llevar a cabo acciones para las tres opciones, pero con las acciones y la cantidad de esfuerzo adecuado para cada una.

Piensa bien en las implicaciones

Los buenos planes le dan forma a las buenas decisiones
—Lester R. Bittel

A Gail se le pidió cambiar roles con Brenda, una colega. "Okey", dije, "¿cuáles son las implicaciones de eso?". "Bueno", dijo Gail, "Brenda y yo igual tendremos que seguir trabajando juntas y, por eso, debemos tener una buena relación. Ella es muy competitiva, así que me preocupa que, una vez me meta en el rol y haga cambios, ella se ponga a la defensiva y empiece a hablarle mal de mí al jefe". "Okey", respondí, "hagamos un plan para minimizar esa posibilidad". Gail terminó llevando a cabo una estrategia para ayudarle a Brenda a orientarse, pidiéndole a cambio su ayuda y alabando en público lo que en realidad podía del trabajo que Brenda había hecho. Hasta ahora el cambio ha funcionado bien.

Con frecuencia, cuando nos enfrentamos al cambio, estamos tan concentrados en lo más grande —en el caso de Gail, hacer un gran trabajo—, que no nos tomamos el tiempo de pensar bien las implicaciones de lo que está pasando —para Gail, trabajar con una colega competitiva— ni en la mejor manera de responder a eso. Sin embargo, es un paso importante. "Cuando las personas vienen a mí para que les ayude a pensar en un nuevo rol en su trabajo", explica mi colega Esther, "siempre les pido que hagan de cuenta que ya están haciendo el trabajo, para que así imaginen lo que en efecto estarían haciendo. Una cosa es decidir algo en abstracto y otra distinta hablar de cosas concretas". De lo contario, puedes terminar como todas esas personas de las que he leído, que decidieron convertirse en profesores luego de dejar el mundo de los negocios. Pasaron por el entrenamiento y tan solo duraron un año en las aulas, pues la realidad difería mucho de lo que habían imaginado. Debes estar lo más preparado posible para aquello que te dispones a hacer.

Así que dale una oportunidad, como dice mi amigo Patrick. Piensa en lo que vas a hacer de la manera más específica posible. Por ejemplo, si ya no puedes enviar a tu hijo a un colegio privado, ¿qué quiere decir eso? ¿A dónde va a ir ahora? ¿Cómo vas a ayudarle a lidiar con esa transición? ¿Puedes hallar a alguien que le muestre los juegos? ¿Acaso deberías conocer antes a algunos de los niños que estudian allí?

Entre más explícito te vuelvas evaluando posibles escenarios y decidiendo cómo te adaptarás, menos molesto, enojado o frustrado estarás en la situación real. Cuando la realidad ocurra, no te encontrará con la guardia baja. Como Gail, podrás anticiparte y evitar los problemas con antelación.

¿Puedes anticiparte a todo? Claro que no. Por eso, la continua AdaptAbilidad es tan crucial. Entre más te anticipes, más preparado estarás.

Haz solo una cosa

El secreto de salir adelante es comenzar. El secreto de comenzar es romper tus tareas abrumadoras y complejas en pequeñas y manejables, y, a continuación, empezar por la primera
—**Mark Twain**

Annie es una gran planeadora. Está buscando trabajo y tiene una lista de acciones tan larga como su brazo. "El problema es que cuando la miro me siento abrumada", me confesó hace unos días. "Entonces empiezo a preocuparme por no encontrar trabajo y eso me lleva directamente a la cama o las lágrimas. ¡Ayuda!".

El cambio puede parecer abrumador, en particular si lo que debes hacer implica muchas acciones o un tiempo límite muy corto. Por eso, te sugiero que luego de hacer un plan, lo dividas en pedazos pequeños y manejables y luego sigas con el siguiente paso o la siguiente acción. Por ejemplo, yo estoy escribiendo este libro en un tiempo límite apretado. Si me digo a mí misma: "Debo hacer todo esto en ocho semanas", entro en pánico, lo cual no me permite hacer la tarea en sí. Así que calculé cuánto debía escribir cada día para cumplir con la fecha límite y luego deliberadamente no miré más el todo, solo el paso siguiente: escribir cuatro capítulos hoy, por ejemplo. Como eso se siente posible de hacer, no siento pánico. También es una manera de experimentar el éxito —¡Hurra!, escribí cuatro— que te anima a seguir adelante.

Algunas cosas no pueden partirse en tareas más pequeñas. Sin embargo, siempre puedes emplear el principio de hacer la siguiente cosa en lugar de mirar el todo. Eso fue lo que le sugerí a Annie. "Tu labor no es encontrar un trabajo, sino enviar tres correos electrónicos al día a contactos que tengas y responderle a cualquiera que esté interesado", le dije. "¿Eso parece posible de hacer?". Dijo que sí y se fue a hacerlo. Le di una tarea más: detenerse un momento a felicitarse por enviar esos tres correos al día. "Me va mucho mejor", me dijo entusiasmada unos días después. "He progresado mucho de esta manera. De hecho, muchos días he enviado más de tres correos y he conseguido algunas respuestas interesantes".

¿Cómo puedes dividir tu plan en partes y enfocarte en una sola tarea? Entre más lo partas en pequeños fragmentos, más fácil parecerá. Como lo dijo Friederich Engels: "Una onza de acción vale tanto como una tonelada de teoría". Recuerda el poder del apoyo a la hora de facilitar una tarea. Cuando estaba empacando para mudarme luego de mi (no esperado) divorcio, una amiga se ofreció a ayudarme en la cocina. Ella sabía que iba a ser el lugar más difícil para mí, pues cocinar era un momento en el que mi marido y yo nos conectábamos. Además, había muchas cosas que empacar. Su presencia fue increíblemente útil, como también lo fue ir por un cajón a la vez.

Piensa en los pasos intermedios que hay entre un paso completo y el siguiente. Por ejemplo, estás desempleado y decides ir a un evento de trabajo en red el viernes; eso implica tener una hoja de vida actualizada, un breve discurso de lo que estás buscando y algo que ponerte. O digamos decides dejar de comer en restaurantes y cocinar más en casa. Para eso, debes saber qué vas a cocinar, comprar la comida y presupuestar el tiempo requerido. Las personas suelen enredarse con estos detalles y pierden tiempo precioso. Desafíate a pensar a futuro y llevar a cabo esos pasos intermedios tan pronto como sea posible.

Como lo dice el proverbio, avanzando lento pero seguro se gana la carrera. Puedes hacer lo que es necesario, un pequeño paso tras otro. Y ser amable contigo incluso si algunos días no logras hacer esa pequeña cosa. En lugar de juzgar, culpar o sentirte avergonzado, lo cual solo te mantiene detenido, pregúntate: "¿Qué podría hacer para que esto me sea más fácil de hacer mañana? ¿Cuándo lo hice bien? ¿Cuáles fueron las circunstancias?". Así, descubres tu fórmula del éxito y puedes seguirla: "La vez pasada me desperté, leí un pasaje inspiracional en mi libro de meditaciones diarias y luego emprendí acciones de inmediato. ¡Puedo hacer eso mañana!".

YA PASÉ POR ESTO"

"El mes pasado no recibí ingresos", dijo Bonnie. "Ya pasé por esto cuando perdí todo y debí empezar de nuevo. Me pregunté qué fue lo que hice esa vez. Fueron dos cosas: primero, acogí el mal sentimiento. Me compadecí a mí misma y me permití llorar todo lo que quise. Luego, elaboré un plan y entré en acción, me gustara o no. Eso es clave. Primero atender mis sentimientos y luego ignorarlos. Si me esperaba hasta que sintiera ganas de actuar, no haría nada".

Listos, disparen, apunten

Todos nos hemos convertido en grandes innovadores en nombre de nuestras empresas y nuestros ambientes de trabajo. Ahora debemos enfocar ese espíritu de innovación radical en nuestras propias vidas
—Candice Carpenter

Una vez leí un artículo sobre el actor Don Cheadle. Él dice que estudió jazz para convertirse en un mejor actor, pues, en gran medida, ese género se trata de improvisar. Hmm, pensé. Luego, dos amigas tomaron un taller de improvisación teatral para ser mejores en sus trabajos. "Las personas que triunfan en esta economía son aquellas que pueden improvisar más rápido", dijo una. En realidad, entendí el mensaje cuando, de la nada, recibí un correo electrónico de Katie Goodman. Katie, entre otras, es una entrenadora de comedia y creatividad que ha escrito un libro titulado *Improvisation for the Spirit* (*Improvisación para el espíritu*). Apuesto a que, si hubiese sido publicado un poco después, se habría llamado *Improvisation for Hard Times* (*Improvisación para tiempos difíciles*), pues, en definitiva, es un talento que todos podríamos emplear hoy en día.

No estoy diciendo que debas convertirte en un comediante de improvisación (aunque dadas las circunstancias por las que estamos atravesando, ¡no es una mala idea!). En cambio, estoy sugiriendo que nos pongamos más en sintonía con el espíritu de la improvisación, que se trata de trabajar con lo que llega y no ver los errores como errores, sino como el próximo material sobre el cual trabajar. Estar bien parado cuando el cambio golpee: ese es el objetivo de la improvisación. Algunos de los capítulos de Katie —"Estar presente y alerta", "Sé flexible y abierto", "Toma riesgos", "Confía", "Rendirse"— parecen ser cualidades que todos debemos cultivar.

En un capítulo, ella escribe sobre el diseñador web David Thompson, que habla sobre cómo volverse creativamente ágil. "Debes actuar de una manera tipo: listos, disparen, apunten", dice. "No puedes perfeccionar algo antes de que salga a la internet, pues no sabes cómo va a funcionar. Debes lanzarlo, recibir algo de retroalimentación y luego redireccionarlo".

Eso es exactamente lo que debemos hacer cuando estemos en la fase de acción del cambio. Hacemos un plan, luego actuamos y vemos qué pasa. Esto nos ayuda a evitar que nuestro análisis se paralice. No debes esperar hasta tener el plan "perfecto". Un solución del 80% es mejor que no tener un plan. Piénsalo como un experimento. Vas a intentar algo a ver cómo sale. Con base en tus resultados, responderás y revisarás. Cuando adoptamos el espíritu de la improvisación, el proceso de acción, evaluación y respuesta se da de manera más rápida, pues no perdemos tiempo en la indecisión ("¿debería hacerlo?"), la innecesaria reflexión ("¿por qué no puedo o no quiero hacerlo?") o el arrepentimiento ("oh, lo eché todo a perder"). Tan solo hacemos cosas y las seguimos haciendo en respuesta a la vuelta al ruedo que se nos da. La clave es hacer ajustes con base en la retroalimentación; no caigas en la trampa de seguir haciendo lo mismo y esperar resultados diferentes.

Taylor descubrió esto por sí sola mientras luchaba por lidiar con la caída de su negocio en casa. "Siempre he sido la que hace planes a largo plazo, planes de cinco años. Entonces, lo más importante que he aprendido sobre la adaptación es sentirme más a gusto con no saber lo que va a pasar dentro de tanto tiempo; mantener mi atención en el más corto plazo, en este mes y en el siguiente, no en dónde estaré en un año, pues eso no se puede saber. En eso, estoy empleando menos fuerza y más posicionamiento, desarrollando más paciencia y aceptación. Es como si me estuviera concentrando en construir de a un ladrillo a la vez en lugar de toda la casa".

Katie cita a un experimentado actor de improvisaciones que dice que, con experiencia, puedes interesarte tanto en este proceso de responder a lo que pasa que "no te afecta la calidad del show... estás interesado por igual en un show 'bueno' o 'malo' o 'mediocre'... y ese es el objetivo: que todo te interese por igual. Todo el proceso". ¿No sería grandioso que pudiéramos sentirnos así con nuestras vidas? ¿Con cuánto menos estrés, ansiedad y preocupaciones viviríamos?

No puedo decir que yo esté ahí aún en lo que se refiere a sentirme igualmente emocionada por lo que sea que ocurra. Con todo, sí trato de abrazar el espíritu de la improvisación cuando se trata de entrar en acción, obteniendo retroalimentación y revisándola rápidamente. Una de las maneras en que puedes poner eso a funcionar, en el cambio por el que estás pasando, es interesarte en el proceso en sí mismo de "listos, disparen, apunten" ("ahora estoy recibiendo retroalimentación. ¿De acuerdo con eso, ¿de qué manera debo revisar mi plan?"), en lugar de en el contenido de lo que está pasando ("No, no me dieron el puesto"/"Mi cartera ha vuelto a caer"). Hacer ese cambio mental aportará mucho al éxito en esta fase.

¡DATE UNA ESTRELLA DE ORO!

Es muy importante que celebres tus pequeños éxitos en el camino; mantendrá arriba tu espíritu y te motivará a seguir adelante. Esta es una sugerencia de Katie, la experta en improvisación, sobre cómo hacerlo: en una hoja, haz una tabla con las acciones que estás llevando a cabo en una columna y los días de la semana en una fila. Compra un paquete de *stickers* baratos. Luego, cuando hagas lo que dijiste que ibas a hacer, date un *sticker.* Te ayudará a ver tu progreso y a comprometerte contigo mismo

Evalúa el progreso

Se requiere de una mente muy inusual para llevar a cabo el análisis de lo obvio
—Alfred North Whitehead

Pamela Busch es la dueña de un restaurante en San Francisco. Como todo el mundo, sintió la punzada de la recesión económica cuando la gente dejó de ir a comer. Ella decidió adaptarse ofreciendo un menú de tres platos a un precio fijo. ¿Cuál fue su raciocinio? Este menú les permite a los clientes saber, de antemano, cuánto se van a gastar. Además, es una ganga si se compara con pedir los tres platos por separado. También, como lo señala ella en una entrevista con el *San Francisco Chronicle*, es "beneficioso en términos fiscales para los restaurantes, pues sabemos exactamente cuál va a ser el costo de nuestra comida por persona... y eso nos permite medir otros aspectos de nuestro presupuesto alimenticio".

Grandioso. Su resultado deseado es seguir en el negocio. Ha aceptado el hecho de que un cambio es necesario, analizó sus opciones, creó un plan de acción y lo puso en marcha. ¿Qué sigue? Prestar atención a si su plan le está dando los resultados que espera. Otros restaurantes están bajando los precios, cerrando los domingos y los lunes, bajando la gama de sus servicios. ¿Quién puede decir qué o cuál combinación será la más efectiva? Hay tantos factores involucrados: la ubicación del restaurante, el tipo de clientela, lo que pase con la economía, suerte... solo puedes saber intentándolo.

Sea cual sea el cambio al cual te estás ajustando, la fase de evaluación es importante, pues no sabes cuáles son las acciones que, en efecto, te van a llevar a donde quieres ir. Estás haciendo tu mejor intento, pero, si no te detienes a evaluar, nunca sabrás si tu intento dio resultado.

Si acabas de ser ascendido, estás aprendiendo a obtener resultados con la ayuda de otras personas y has empezado a hablar semanalmente con tu equipo para mantenerte al tanto de lo que están haciendo, necesitas una manera de saber si las charlas semanales están funcionando. En cambio, si tu jefe fue despedido, has perdido tu cobertura aérea y sales en busca de otro patrocinador poderoso, debes tomarte un momento para ver qué puede hacer por ti la persona que has hallado. O, si debes apretarte el cinturón y decides hacerte tus propios almuerzos y renunciar al café caro, genial, ¿pero, es suficiente? No puedes saberlo si no haces los cálculos.

Esta es una manera fácil de pensar en ello. Aunque sabes lo que quieres —seguir en el negocio, reducir las deudas, conseguir un buen mentor—, la manera en que vas a hacer que eso ocurra está en la naturaleza de un experimento. Intentas algo, obtienes un resultado, evalúas un progreso y luego reajustas si es necesario. No te rindes en el "qué" a menos que debas hacerlo, pero tus "cómos" pueden cambiar muchas veces con base en lo que has aprendido de tu experimento.

No puedo decirte cuántas veces veo a personas que saltan la fase de evaluación. Ponen algo en acción asumiendo que va a funcionar y nunca se detienen a analizar si, en realidad, va a ser así. O lo evalúan vagamente —claro que sí, estoy ahorrando dinero—, pero no analizan exactamente qué tanto ahorran o si eso está marcando una diferencia significativa. O la situación sí cambia, pero ellos no vuelven a mirarla, pues, cuando ponen algo en su lugar, sienten que ya han acabado.

Por eso, una parte de tu plan SMART de acción es la evaluación cuidadosa. Las medidas pueden ser cosas como dólares que entran y salen; resultados como mantener clientes o el número de ideas que propone tu equipo y pone en acción; o la retroalimentación de otros: "Sí, vemos que has hecho los cambios con los que te comprometiste". No caigas en la trampa de analizar el tiempo o el esfuerzo invertido. Puedes gastar mucho tiempo en cosas que no te están dando resultados positivos. Desafíate a medir resultados concretos que valgan la pena.

No caigas en la tentación de saltarte esta etapa. Cuando mis clientes toman un trabajo nuevo, siempre les aconsejo preguntarle a su jefe cuáles van a ser los resultados sobre los que van a ser evaluados. Por supuesto, tú tienes tus propias ideas de lo que es crucial. Con todo, debes saber, al menos, lo que piensa la persona que te va a evaluar. Esto es muy importante, en especial cuando el trabajo es moldeable o a largo plazo. Peter, por ejemplo, acaba de tomar un trabajo de exploración de oportunidades de negocio en un país que es famoso por ofertas complejas que tardan años en materializarse. ¿Cómo va a ser evaluado el próximo año? Esa es la pregunta con la cual se ha dirigido a su jefe.

Ahora mismo detente a determinar qué vas a medir y cuándo vas a evaluar tu progreso. Esa es una de las maneras de incrementar la posibilidad de éxito.

NO TODAS LAS ACCIONES SON IGUALES

"Soy una persona que actúa porque no puedo soportar la ansiedad de lo desconocido", dice Nancy, la dueña de una firma de remodelación. "Y eso ha resultado en un gran número de decisiones torpes. Entonces, me estoy acostumbrando a vivir sin saber lo que pasará y empleando menos fuerza y más paciencia. Eso me ha ayudado a mantenerme enfocada en tomar buenas decisiones y evaluar el progreso en lugar de actuar intempestivamente".

Si no te estás esforzando, es probable que te estés perdiendo de algo

La vida es como tocar un violín en público y aprender a tocarlo en el transcurso
—Samuel Butler

"¿Puedes mandarme un borrador de tu libro ahora mismo?", me dijo una amiga cuando supo sobre lo que estaba escribiendo. "No me ha sido posible hacer que mis socios aprendan a utilizar una herramienta en línea que se ha vuelto fundamental en nuestro negocio. Siguen haciendo las cosas como siempre las han hecho y ya no podemos seguir haciendo eso. ¡Tienen que acoplarse a estos tiempos!".

Entiendo que sus socios sean reacios a algo así. Yo no quiero escribir en un *blog*, aprender a hacer *podcasts*, hacer mercadeo en línea o comprar una cámara para mi computador para hacer videoconferencias por Skype. Sin embargo, hoy en día todas estas son actividades fundamentales de *marketing* para un escritor profesional. Sin embargo, yo he escrito durante treinta años sin hacer nada de esto y no quiero empezar ahora. Mi cerebro está muy feliz haciendo lo que siempre ha hecho. Después de todo, ¡lo hace muy bien!

Ups, peligro a la vista. Ninguno de nosotros, sin importar nuestra edad o trabajo, puede darse más el lujo de asumir esa actitud. El nombre del juego es permanecer relevante, y el ciclo de vida de la relevancia es cada vez más corto. Solía tratarse de recibir educación y luego, cuando empezaras a trabajar, aunque de vez en cuando recibieras algo de entrenamiento, las bases de tu educación te mantendrían en buen estado por décadas. Ahora el mundo está tan conectado y la velocidad del cambio es tan rápida, que todos debemos estar aprendiendo de forma constante a emplear nuevas habilidades y herramientas. Aunque podemos protestar y quejarnos de ese hecho, si queremos maximizar el éxito, debemos aceptar esa realidad y empezar a aprender.

Para hacerlo, debemos salir de nuestra zona de confort y entrar en la zona de estiramiento, pues aprender implica estirarte más allá de tus límites corrientes. Aprender implica hacer un mayor esfuerzo, porque, para el cerebro, resulta más trabajoso hacer algo nuevo. Es necesario ampliar tus límites con respecto a lo que puedes hacer y cómo lo haces. El solo hecho de sentirte raro quiere decir que estás aprendiendo, ¡y eso es algo importantísimo!

Implementar esto en tu vida implica redefinir la palabra 'seguridad' al menos en lo que atañe al trabajo. En lugar de ver la seguridad como algo maravilloso por lo cual debemos esforzarnos, es necesario verla como una señal de alerta de que estamos valiéndonos del aprendizaje pasado sin prestar atención a lo que debemos asumir a continuación.

Todos necesitamos volvernos más hábiles continuamente. Si no eres bueno en esto, es muy probable que no sepas ni por dónde empezar. Así que he aquí unos consejos:

- Si trabajas con otras personas, pregúntales qué herramientas y técnicas nuevas están usando y qué tendencias observan en tu campo, ¡y luego aprende a usarlas! Si tus colegas te están pidiendo utilizar una nueva tecnología o constantemente oyes hablar de una en específico, considera como un favor haber recibido esta información

  - Si trabajas solo, entra en la red y mira lo que tus competidores están haciendo

  - Si estás buscando trabajo, mientras te mueves en red, pregúntale a la gente que tendencias están viendo en la industria y qué habilidades se requieren para ello. Pregúntales cuál sería la primera cosa que aprenderían a hacer si estuvieran en tus zapatos

  - Rastrea tendencias en tu industria

  - Si necesitas poner en marcha una nueva carrera, porque la tuya se ha evaporado, échale un vistazo a los informes de tendencias sobre los empleos a prueba de recesión. Mi cuñado siempre está amenazando con irse al sector de la salud por esa razón

Ahora, un *bonus* a todo este aprendizaje. Piensa en él como un regalo de la naturaleza por tu trabajo duro. Resulta que, tal como ocurre con nuestros cuerpos, nuestros cerebros necesitan ejercitarse para estar saludables. Para ese ejercicio debemos aprender constantemente nuevas cosas con las cuales crear nuevos caminos, de tal forma que, a medida que envejezcamos y los caminos empiecen a desaparecer, tengamos reservas. Piensa que es como hacer depósitos en la cuenta de ahorros para la vejez de tu cerbero.

Como dice Samuel Butler, debemos aprender sobre la marcha. Cuando en verdad abrazamos la verdad que hay en eso, podemos aprender a tocar una música hermosa.

Haz lo necesario

No recibes lo que mereces, recibes lo que recibes
—Sylvia Boorstein

Ryan había sido el gerente de una pequeña compañía del distrito de la moda en Nueva York. Luego, fue despedido y buscó trabajo en su área durante casi un año. Finalmente, aprovechó la necesidad de trabajadores de temporada de vacaciones y tomó un empleo temporal descargando mercancía en la noche para Wal-Mart. "Estoy tan contento de tener algo que hacer", me explicó, "y de recibir algo de dinero, incluso si es mucho menos de lo que tenía antes. Me siento mucho mejor al contribuir de nuevo a mi familia".

Algunas veces, cuando el cambio ataca, terminamos haciendo cosas que preferiríamos no hacer. Teniendo una educación en Ivy League, he sido cajera en una droguería, niñera y empleada doméstica (todo esto durante un corto tiempo, por lo cual estoy muy agradecida). He trabajado el equivalente de tres trabajos durante años y en más fines de semana de los que puedo recordar. En tiempos difíciles, mi esposo trabajó como obrero y vendiendo libros y otras de nuestras posesiones en eBay, incluyendo una tetera Wedgwood que había estado en su familia por años. Mi hermana es una enfermera de 52 años que atiende todas las llamadas que puede en la noche para ganar dinero extra para su familia. ¡Hay una enfermera en sala de operaciones que a sus setenta años sigue trabajando! Anoche escuché a Suze Orman decirle a una mujer asustada de que su marido de 69 años fuera despedido que le sugería que él trabajara más fuerte para hacerse indispensable en su compañía.

Algunas personas tienen problemas frente a la necesidad de seguir adelante con tanta gracia y esfuerzo como sea posible. He estado escuchando muchos casos de parejas que están luchando contra esto. Una ha recibido el mensaje de que las cosas tienen que cambiar; la otra se resiste con fuerza. Yo creo que se trata de un sentido de derecho. Trabajé durante un tiempo con una mujer joven, recién graduada de la universidad, que se estaba continuamente indignada por tener que trabajar como recepcionista pues, según ella, "merecía" un empleo más interesante. Esta era una persona a la que sus padres le estaban compensando la diferencia entre sus ingresos y sus gastos, lo cual irónicamente la estaba haciendo menos agradecida, no más, por su situación. Tuve que emplear todas mis fuerzas cada semana para no decirle: "¡Al menos tienes un trabajo!", pero mantuve mi boca cerrada, porque tal consciencia nunca viene del afuera, solo de las experiencias que nos enseñan que no hay tal cosa como "merecer". Cada uno de las personas sobre la faz de esta tierra "merece" comida, refugio y trabajo digno. Sin embargo, desafortunadamente, como lo señala la maestra budista Sylvia Boorstein en la cita que abre esta sección, "No recibes lo que mereces. Recibes lo que recibes". Por eso es muy importante que no demos por sentado nada de lo que tenemos. Cada semana en nuestra reunión de PTP, mi colega Andy Bryner expresa su agradecimiento por tener trabajo en tiempos donde hay tantos otros que no tienen. Siempre es un valioso recordatorio.

Maya Angelou es un gran modelo a seguir de alguien que hizo lo necesario. Si necesitas inspiración, lee su serie de memorias que empiezan por *Yo sé por qué canta el pájaro enjaulado*. De su abuela, aprendió a nunca quejarse. Cuando escuchaba que alguien se quejaba, le decía a Maya: "Hay personas en todo el mundo, blancas y negras, ricas y pobres, que se fueron a dormir cuando esa persona se fue a dormir, y nunca más se volvieron a despertar... y darían cualquier cosa por cinco minutos de lo que esa persona se estaba quejando". Como resultado, dice Angelou, "protestaré como el demonio, pero no me quejaré... no importa qué tan mal se ponga la cosa, siempre estoy agradecida de no tener que quedarme con lo negativo".

Los cambios rudos nos dan la oportunidad de ver qué tan rudos somos nosotros. Nos remangamos las mangas y hacemos lo necesario (dentro de los límites de lo moral y lo legal, espero). Experimentamos cómo el trabajo, incluso descargar mercancía, nos hace sentir bien. La dignidad que viene de hacer lo que se debe, esa "relajación en la espalda", como lo pone Maya Angelou, nadie nos la puede quitar.

REDEFINE LA PALABRA "SOLITARIO"

"Me acuerdo de hace muchos años, cuando trabajaba en una gran agencia", dice Tina, una exitosa agente de talentos. "Había sido ascendida de segunda asistente a primera asistente/agente junior. Todavía estaba subordinada y trabajaba para el jefe de la compañía, pero ya no tenía que hacer trabajos de principiante. Aunque mi jefe era bastante exigente, yo había logrado sobrevivir durante dos años literalmente trayendo café, tomando dictados, acomodándome a todas sus necesidades. Ahora me sentía libre, verdaderamente realizada. Hubo un punto en el que la persona que había contratado como segunda asistente renunció y, mientras él buscaba una nueva, me pidió que volviera a asumir ese rol. Me molestó bastante. Me sentía degradada, humillada de tener que dar un paso atrás, avergonzada de ser vista trayendo café de nuevo, etc.

Le dejé saber eso tanto verbalmente como en mi comportamiento. Un día, me arrastró a su oficina, cerró la puerta y me dijo: 'Parte de ser exitoso es poder diferenciar entre ser perseguido y ser un jugador en equipo. No te estoy castigando al ponerte a hacer estas cosas, te estoy pidiendo que llenes una necesidad hasta que alguien más tome el cargo'. Esta lección me ha permitido mantenerme flexible durante mi trabajo. Cuando debo hacer algo por alguien en mi vida de negocios que de otra manera parecería algo "bajo", recuerdo que estoy haciéndo por el gran éxito de todos nosotros".

Construye tu marca

*Descubre tu marca al destacar tu servicio
e identidad únicos*
—Dr. Jason A. Deitch

Jason A. Deitch es un autor que les enseña a otros doctores "que la nueva economía del cuidado de la salud de hoy en día nos obliga a adaptarnos para sobrevivir". Él tiene cinco secretos. Uno de ellos es "crea tu propia marca". Jason cree que, en lo que a eso se refiere, "estos doctores pueden ser los peores mercaderes... de todo el planeta".

Pues, Jason, no estoy tan segura de eso. Empleo una gran parte de mi tiempo ayudando a clientes de todo tipo a entender la necesidad de tener una marca y luego dando con estrategias para hacerlo. Nunca olvidaré al cliente corporativo que me dijo: "Pensé que si hacía un gran trabajo, la gente se enteraría y sería ascendido". "Hacer un gran trabajo es solo parte de tu trabajo", le respondí. "La otra es asegurarte de que las personas sepan quién eres, pues, de lo contrario, están demasiado concentradas en ellas mismas para ponerte atención a ti".

Las palabras de moda en los negocios van y vienen. Yo tiendo a ignorarlas. Sin embargo, la idea de que todos debemos crear una marca y vendernos no es solo una que ha perdurado, sino que ha adquirido importancia a medida que el mundo cambia. Una marca tiene que ver todo con reputación: aquello por lo que eres conocido. Se forma a partir de lo que haces bien, de tus talentos y de lo que las personas pueden esperar de ti. Como lo dice Jason Deitch, comunica "quién eres, qué ofreces y, más importante aún, de qué manera se beneficiarán las personas al trabajar contigo".

No importa la posición en la que estés —empresario, dueño de un pequeño negocio, vicepresidente corporativo— o qué trabajo tienes o deseas tener, debes entender claramente tu marca y luego hacer que los demás la conozcan. Terry Wood, el ejecutivo de CBS responsable de lanzar los shows de Rachael Ray y el Dr. Phil, dijo, en una entrevista reciente, que una de las cosas que caracteriza a las personas exitosas es que conocen la respuesta a dos preguntas: "¿Por qué razones quiero ser conocido? ¿Qué me hace a mí diferente? Lo famoso puede ser sobrevalorado, pero, si se me conoce por algo y eso define quién soy, entonces puedes estar seguro de eso". Se trata de una marca.

¿Por qué cosas quieres ser conocido? ¿Qué te hace diferente? A mí me gusta verlo como tu forma única de grandeza. Recuerda los cuatro elementos de VIVE (tus valores, tus talentos internos, lo que verdaderamente amas hacer y los entornos que sacan lo mejor de ti) que identificaste en la secciones previas y reúnelos en una frase. He aquí un ejemplo: "Soy buena tomado ideas que otros han propuesto y transformándolas en productos que se venden dentro de un marco de tiempo que yo misma establezco". Ahora, piensa en los beneficios que tu marca puede proporcionarle a los demás: "No tienes que sorprenderme y soy buena anticipando lo que puede salir mal, para que así puedas ahorrar tiempo y dinero".

Piensa en quién necesita saber de ti y de tu marca. ¿Tus clientes? ¿Tu jefe? Puede que pienses: "No quiero parecer arrogante". Eso no es arrogante. Es una simple afirmación de las que cosas que solo tú puedes ofrecer. Entre más acojas lo que eres y las cosas en las que eres bueno, mejor podrás comunicarlo como una precisa afirmación de verdad, presentándote como alguien con un nivel de confianza apropiado. Entre más te concentres en los beneficios que recibirán las personas del otro lado, ¡más estarán cautivadas por ello y más agradecidas de que puedas ofrecer algo tan maravilloso!

Luego debes decidir cómo vas a hacer para que la gente se entere. Puedes buscar oportunidades donde comentarlo o utilizarlo como uno de esos cortos discursos, o "discursos de ascensor", cuando estés buscando un trabajo. Si tienes tu propio negocio, como un consultorio médico, puedes hacer un volante para tu oficina. Cuando haces algo genial, asegúrate de que las personas apropiadas se enteren. Busca maneras de medirlo. Tengo un cliente que tan solo envía una vez al mes un análisis de línea a su jefe y al jefe de su jefe, cuantificando los resultados que sus esfuerzos de mercadeo han hecho en términos de dólares. Cuando hablo de mi trabajo como una pareja de pensamiento, le dejo saber a mis posibles clientes que, cuando trabajé con un grupo de mujeres en Microsoft, el 80% de ellas recibió un aumento o un ascenso en el transcurso de los próximos seis meses. Eso atrae la atención de la gente y me diferencia de los demás.

Una marca no solo se comunica por medio de palabras. Es algo que creas a partir de todas tus acciones, desde la manera en que respondes correos hasta proponer una gran idea durante una reunión. Conclusión: lo ideal es que las personas que te interesan digan lo mismo que tú mismo dices de ti en tu afirmación de marca; por ejemplo: "¡Caray, sí que es buena dando con ideas que venden y llevándolas a las personas indicadas!".

Esforzarte por tener una buena marca y comunicarla te dará una ventaja competitiva durante el cambio, así estés buscando un trabajo, un avance, más clientes o trabajar en red.

"NO PUEDE DOLER"

"Yo quería ir a la escuela de arte, pero no cumplía con todos los requerimientos", decía John. "Decidí intentarlo visitando la escuela y hablando con un profesor que estaba en el comité de admisiones y así probablemente venderme a través de él. Me animó a aplicar y a presentar mi portafolio. Luego de la visita, le envié una carta de agradecimientos donde le decía que, con base en sus sugerencias, había decidido aplicar. Luego, él me respondió ofreciéndose a revisar mi portafolio y sugerirme qué cosas incluir. Hice aquello agradeciendo sus sugerencias que, por supuesto, seguí. Después, le pregunté qué podía hacer para prepararme mientras esperaba la respuesta de si había pasado, qué páginas web u otras cosas para aprender sobre diseño gráfico podía ver. Esperaba que me considerara una persona entusiasmada, abierta a la retroalimentación y dispuesta a trabajar duro. Cuando se trata de agradecimientos, muchas personas piensan '¿Por qué molestarse?' Pero yo pienso: '¿Qué tanto puede doler dar una buena impresión, dejarle ver a alguien el tipo de persona que soy?'. Y sí, pasé"

Conéctate más

Llámalo un clan, una red, una tribu, una familia. Como
sea que lo llames, quien quiera que seas, necesitas uno
—Jane Howard

Mi amiga Kathleen es la directora de una escuela pri-
maria en California, la cual, en financiación por estu-
diante, está calificada como estado número 47 de 50. La
conozco hace quince años y la he visto lidiar muy bien
con todo tipo de cambios en las olas de la educación pú-
blica. Cuando le pregunté cómo ha hecho para adaptarse tan bien, de inmediato empezó a hablar de sus redes.

"Bueno", dijo, "con frecuencia organizo cenas de
trabajo con directores de otros colegios del distrito. Le
llamo la 'comida directiva'. Analizamos opiniones, hacemos lluvias de ideas para responder a cosas que vienen
de arriba, nos tendemos la mano los unos a los otros.
También me apoyo fuertemente en mi consejo de padres del colegio, para que me ayuden a guiarme en áreas
que no conozco tan bien. Por ejemplo, uno de los padres que trabaja en finanzas vio cómo estaba construido
nuestro fondo de emergencia y me ayudó a repartirlo en
varios bancos para así asegurarlo más. ¡Eso fue antes de
que los bancos empezaran a quebrarse! He creado una
red de apoyo con el equipo del colegio, con aquellos de
nosotros de los que solo hay uno: la bibliotecaria, el con-
serje, la secretaria y yo. Con regularidad, nos reunimos
a evaluar los problemas que tenemos en común. Ellos

ven cosas que yo no. Finalmente, he creado una red para aprender de y con mis profesores, trayendo a la escuela a personas que conozco del sector privado, como tú, a hablar de desarrollo del liderazgo, o invitando a oradores expertos en temas como teoría de la educación, para así mantenernos al día".

Siempre había pensado que el trabajo en red era algo indeseable, pues parecía tratarse de hablar con extraños en cocteles. Eso nunca me trajo nada bueno. Pero Kathleen me ayudó a ver que todos ya estamos involucrados en varias redes y que, cuando atravesamos por un cambio, valerse de esas redes —para recibir guía, ideas sobre qué cosas aprender, apreciación de las tendencias venideras, entre muchas otras cosas— es algo crucial.

Esto nunca es más importante que cuando buscamos trabajo. Yo personalmente no conozco a nadie que haya conseguido trabajo por medio de sitios web de empleo, a pesar de haber enviado cientos de hojas de vida por estos medios. Todo el mundo ha conseguido trabajo a través de su red, ya sea directamente o por medio de aquello de los seis grados de separación. Nunca sabes cuál red o cuál contacto será el indicado. Mi hija mayor obtuvo un trabajo al ser presentada a una persona de la compañía por parte de una compañera de voleibol. Y las redes no solo son para trabajos. Te pueden ayudar a hallar un lugar económico donde vivir, una cita, un buen doctor cuando lo necesites...

Incluso, si te consideras un terrible trabajador en red, tienes redes. Mírame a mí, por ejemplo. Me considero un lobo solitario. Pero, si en realidad lo pienso, tengo varias redes: una red de amigos, una red de entrenadores PTP, una red de padres en la escuela de mi hija, una red de padres de niños adoptados en China, un red de personas en el mundo editorial, una red de clientes, una red de *fans* de mis libros. ¿Qué hay de ti? ¿Cuáles son tus redes y qué tipo de habilidades y recursos representan las personas que hay allí? Anótalas para así poder verlas. Lo más probable es que la sola lista te dé algo de confort.

Ahora que tienes una idea de tus conexiones, ¿con qué es lo que necesitas ayuda? ¿Se trata de un recurso laboral? ¿Necesitas una mano con la hipoteca? ¿Un buen terapista? Cuando busques ayuda así, recuerda que el trabajo en red funciona en dos vías; asegúrate de preguntar: "¿Hay alguna manera en que pueda ayudarte yo?". Piensa en alguien con quien podrías poner a esas personas en contacto. Entre más pienses en esto como la construcción de una red de relaciones, más fácil será hacerlo. No olvides agradecerle a la persona por su información y contactos.

Si lo que buscas es trabajo, lo mejor es no pedirlo directamente. En cambio, pide ayuda: ¿Sabes de alguien con quien pueda hablar? ¿Cuál es tu perspectiva de la industria? ¿Qué tendencias estás viendo? ¿Qué debería estar aprendiendo ahora? Estoy buscando en estas áreas, ¿qué otras me sugerirías, teniendo en cuenta mi experiencia y mis talentos? ¿Con quién más debería hablar? Asegúrate de ir con, al menos, un posible contacto y haz que el asunto sea tan recíproco como sea posible. Lo mejor es que la persona haga la conexión para ti vía e-mail o por medio de una llamada. Es más probable que así recibas atención. Como mínimo, pregúntale a la persona si la puedes poner como referencia.

Cuando te ponen en contacto con una persona nueva, sé persistente, pero no intenso. No siempre responderán, incluso si alguien que conocen ha hecho la conexión. No te lo tomes personal. Si logras hablar con la persona, ve preparado con cosas que ofrecer que él o ella puedan encontrar útiles. Cada discusión e interacción construye tu marca. Y recuerda, nunca sabes qué conexión puede llevarte a donde quieres.

No trabajes en red únicamente cuando atravieses por una necesidad. Todos debemos mantenernos conectados con otros tanto como sea posible para tener comunidades de apoyo en las cuales confiar. El trabajo en red te provee de visibilidad y conexiones. Tu red es un grupo de gente en la que puedes confiar que aboga por ti ante el resto del mundo.

Piensa en trabajar en red, así no lo necesites, como una inversión a futuro. Las relaciones son algo que debes cultivar o de lo contrario se perderán. Piensa en cómo y dónde puedes expandir tus conexiones.

Ponte en contacto y busca ayuda. Nos necesitamos los unos a los otros en tiempos como estos.

CONSEJOS PARA BUSCAR TRABAJO EN RED

Diane Darling es la directora ejecutiva de Effective Networks (redes efectivas) y escribe sobre este tema. A continuación, te

brindo algunos de sus consejos para buscar un trabajo:

- Averigua cosas sobre la persona a quien le estás pidiendo ayuda.
"Antes era chisme. Ahora es Google"

- Controla lo que otros pueden encontrar sobre ti cuando te Googlean.
Compra tu nombre como un dominio
(solo cuesta $10 dólares al año) y crea
un sitio web sencillo. Piensa en él como
una herramienta de mercadeo que tendrás toda tu vida. Puedes hacerla tú
mismo o conseguir que alguien la haga
por un precio muy bajo

- Únete a LinkedIn y Facebook

- Siéntete cómodo con el rol de un
buscador de trabajo; practica lo que vas
a decir. Haz una lista de personas A, B
y C con las que vas a hablar. Siendo A
aquellas que en realidad crees que pueden ayudarte. Empieza con las C, para
que así cuando llegues a las A te sientas
totalmente a gusto

- Consigue un amigo de trabajo en
red, alguien que ande buscando algo
en tu mismo campo —por ejemplo, en
edición—, pero en un departamento distinto, como en finanzas o mercadeo. No

solo es más fácil ir a eventos de redes con alguien, pero además pueden intercambiar contactos

Crea un círculo de maestros del cambio

Cuando el mundo parece estar cayéndose a pedazos...
aférrate a tus ideales y encuentra espíritus amables.
Esa es la verdadera regla de la vida
—Joseph Campbell

Justo antes de morir, a los 69 años de edad, a Studs Terkel, que había escrito una historia oral de la Gran Depresión, entre otros muchos libros, se le preguntó qué había aprendido de ese tiempo que pudiera ofrecer como consejo para atravesar por este mar de cambios que estamos experimentando hoy en día. ¿Su respuesta? "No te culpes a ti mismo. Busca ayuda en los demás. Haz parte de la comunidad. Los grandes hombres no son tan brillantes".

Uno de los grandes resultados de aprender a adaptarse a los cambios que ahora enfrentamos es que nos hará relacionarnos más el uno con el otro. Hay una fuerza particular que podemos hallar en la compañía de otros, como bien lo sabemos los que hemos sido parte de un programa de 12 pasos que conocemos al derecho y al revés.

En su libro *Cambiar o morir*, Alan Deutschman estudió a personas que habían hecho grandes y duraderos cambios, como pacientes con ataques al corazón y adictos a las drogas que cambiaron su estilo de vida para bien de forma permanente. Aunque las posibilidades de un cambio duradero no son tan altas —aproximadamente, una de diez—, uno de los factores que el 10% tuvo en común fue, de acuerdo con Deutschman, "una nueva relación emocional con... una comunidad que inspira y mantiene la esperanza". Esta comunidad también "te ayuda a aprender, practicar y dominar los nuevos hábitos y habilidades que necesitarás".

Una comunidad también puede atraer resultados, como me lo recordó uno de mis colegas hace poco. Me estaba contando sobre una amiga que había decidido hacer una venta de garaje en la cual ofrecía cosas que ya no necesitaba. Esto fue tan popular, que ahora su garaje es el sitio donde se hace un evento semanal en el cual las personas que tienen cosas que ya no necesitan las llevan allí para que las tomen otras que sí.

Puede que ya tengas una comunidad de apoyo a través de tu iglesia o barrio. O puede que hayas formado un círculo de afines que se reúne una vez al mes, como varios amigos míos lo han hecho durante décadas. Si no es así, te sugiero que crees uno. El otro día, recibí un correo que me dio una idea. Uno de mis lectores me escribió: "He sido psicólogo durante casi doce años y quedé encantado de encontrar tu libro *This Year I Will...* Fue el libro perfecto en el momento perfecto. Sentí que mis amigos y yo (que estamos pasando por momentos difíciles en nuestros respectivos matrimonios) nos beneficiaríamos de un grupo que se base en tu libro. Así que nos vamos a reunir cada dos semanas para revisar capítulos y analizar nuestros éxitos y fracasos en lo que se refiere a cumplir con nuestras metas, etc.".

¡A mí me suena genial! ¿Qué tal si tú crearás un círculo de maestros del cambio con tus amigos? Pueden reunirse de forma regular a discutir lo que están trabajando y ser un recurso el uno para el otro. Pueden hacer todo tipo de cosas.

Hace poco, atendía una llamada de un círculo de entrenadores PTP y discutíamos sobre el tipo de cosas que un grupo puede hacer para darse apoyo en tiempos de cambio. Esto es lo que una docena de nosotros o más estableció. Algunas de las ideas se basan en el pensamiento analítico del lado izquierdo del cerebro y algunas otras en el simbólico e imaginativo del lado derecho, pues debemos involucrar a las dos mitades de nuestro cerebro cuando nos enfrentamos a desafíos:

- Trae un símbolo de algo en ti mismo en lo que confías y compártelo con otra persona. Luego, conversen sobre esta pregunta: ¿Qué necesitas para confiar más profundamente en ti en esta situación?

- Cuéntale a una pareja una historia de algún momento duro por el cual debiste pasar; mientras tanto, el que escucha debe prestar atención a los recursos interiores que empleaste para salir adelante. Cambien roles. Después, permite que las demás parejas compartan sus historias con el resto. Al contar las historias una y otra vez, las ideas se van arraigando

- Crea una lista con ideas creativas para superar los tiempos difíciles

- Ten un momento en el cual se compartan los recursos; deja que cada uno conozca el tipo de talentos, habilidades y conexiones que los otros tienen para ofrecer. Esto no solo ayudará a la persona que recibe la ayuda, sino también al que la brinda, quien obtiene un regalo: el regalo del respeto propio al tener algo valioso que ofrecer

- Preséntale al grupo los cuatro dominios de la competencia (remítete a "¿Cuáles son tus talentos internos?"). Piensa en cuál dominio no utilizas casi nunca. Es allí donde solemos preocuparnos. Luego encuentra una persona en el grupo que sea fuerte en ese tipo de pensamiento y haz una lluvia de ideas con él para así recibir de guía y apoyo

- Invita a personas mayores que ya hayan pasado por tiempos económicos difíciles para que te brinden su sabiduría

- Ingresa a www.imaginechicago.org y entérate de lo que hizo este grupo para revitalizar su comunidad. Se trata de un movimiento que se ha expandido por todo el mundo

Ni siquiera tiene que ser una comunidad presencial. Las comunidades en línea pueden ser tremendamente útiles, ya que hay más de anonimato en ellas. No tienes que admitir tu situación con personas que conoces, pero sí puedes conectarte fácilmente con personas que pasan por lo mismo que tú, incluso a larga distancia.

Hay un dicho jasídico que captura de manera muy bella la esencia de lo que puede ofrecernos una comunidad: "Cuando un hombre está cantando y no puede alzar su voz y otro viene y canta con él, uno que sí puede hacerlo, el primero también podrá. Ese es el secreto de la unión de los espíritus". Debemos fortalecer esas uniones.

Utiliza un mantra inspiracional para mantener arriba tu ánimo

Todo mañana tiene dos palancas. Puedes manejar la palanca de la ansiedad o la palanca del entusiasmo. De tu decisión depende el día

—**Anónimo**

Cuando era niña y debía lidiar con mi particular configuración de una familia disfuncional, recuerdo quedarme despierta en la cama noche tras noche, años tras año, demasiado asustada para dormir. Habían unos árboles de sauce afuera de mi ventana que yo solía mirar. No importaba lo fuerte que soplara el viento o qué tanto se doblaran los árboles, estos nunca se rompían. Adopté esa imagen como mi mantra personal de coraje. Durante años, cuando ocurrían cosas que me molestaban, me decía a mí misma: "Soy como el sauce. Puedo doblarme, pero no romperme".

No sé de dónde saqué esa idea; ciertamente, nadie me la enseñó. En realidad, creo que ese dicho me salvó la vida. Me recordaba mi resiliencia en cualquier momento que la necesitara, al igual que el hecho de que había llegado hasta allí y que, por lo tanto, era muy probable que siguiera adelante. Lo sentía como una exhortación, como una oleada de determinación para salir de mi niñez tan intacta como fuera posible. Me permitía acoger los retos con todo el entusiasmo del que era capaz. No me iba a romper, ¡y le probaría al mundo entero que era capaz de sobrevivir!

El poder de esa imagen para mí fue tan significativo, que he dudado en llamarlo un mantra, pues no quería sonar demasiado Nueva Era. Después, leí un artículo de la maestra espiritual Eknath Easwaran en el cual le llamaba a un mantra una fórmula espiritual que "tiene la capacidad de transformar la consciencia", pues hace un llamado a "lo mejor y más profundo que hay en nosotros". No puedo hallar una explicación más cercana de lo que esa imagen hizo por mí. Así que también quiero que haga su magia en ti, cualquiera que sea. Todos tenemos mantras negativos que nos repetimos todo el tiempo: "No puedo con esto, es demasiado, nunca sobreviviré a ello...". Tú conoces mejor tu versión particular. Así que, ¿por qué no tener uno que te levante el ánimo y contrarreste el anterior?

Mi mantra fue tan útil que, si tan solo pudiera ofrecerte una de las ideas de este libro, sería que encontraras una imagen, una frase o una metáfora que te sostenga mientras te subes a las olas del cambio. No tiene que ser algo que digas. Una antigua cliente tiene un llavero con una pequeña mujer surfista en él para acordarse de que es capaz de mantenerse en la tabla. Tu mantra solo tiene que ser algo que anime tu corazón y fortalezca tu espíritu mientras navegas aguas desconocidas.

Concéntrate en el lado positivo de recortar gastos

Manifiesta la sencillez, acoge la simplicidad,
reduce el egoísmo, ten pocos deseos
—Lao-Tzu

Hace algunos años tenía problemas de dinero y necesitaba vender mi casa y mudarme a un lugar más pequeño. Mi madre estaba horrorizada. "¿Qué van a pensar tus amigos y vecinos?", suspiraba. "Que tuve que recortar gastos", respondí.

El cambio inesperado con frecuencia hace que nos avergoncemos de nuestra necesidad de recortar gastos. No queremos que otros se enteren de que tenemos grandes deudas crediticias, que hemos perdido un trabajo o que nuestros negocios andan patas arriba. Queremos sentirnos —y aparentar— ser competentes a la hora de vivir nuestras vidas de manera exitosa. El hecho de tener que comprar nuestra ropa en almacenes baratos o de caridad como Goodwill puede sentirse como un tipo de fracaso que debemos esconder de los demás; pero, cuando nos enfocamos en lo que otros puedan pensar de nosotros, corremos el riesgo de perder contacto con las buenas decisiones que debemos tomar para adaptarnos. Así que, ¿cómo podemos evitar preocuparnos por lo que otras personas piensen?

Una de las ventajas de lo que está pasando ahora es que le está pasando a todo el mundo. En realidad, nadie es inmune. Ya sea que estés lidiando con si despedir al jardinero, qué hacer con tus hijos en las vacaciones porque no puedes pagar un campo de verano pero sí trabajar o la necesidad de declararte en bancarrota, no estás solo. ¿Qué van a pensar los vecinos? Están muy ocupados pensando en sus propias necesidades de reducir gastos para prestarle mucha atención a las tuyas, al menos que sea para desear que esas fueran las suyas. Tener presente que todos estamos en el mismo barco puede ser útil.

Otra cosa buena que podemos hacer es concentrarnos en el lado positivo de lo que estamos haciendo. Los psicólogos le llaman a esto replanteamiento. Tengo una amiga que tiene una cabaña absolutamente preciosa que ha decorado por completo con cosas de segunda que encontró en la calle, ítems de Goodwill y demás lugares poco comunes. La historia que se cuenta a sí misma no es: "Soy tan pobre que debo hallar cosas en la calle", sino: "Me encanta encontrar tesoros desechados y arreglarlos. Me encanta crear un espacio hermoso desde prácticamente nada". La segunda historia se enfoca en el lado positivo de lo que ella está haciendo y le permite andar con la frente en alto.

He aquí otro ejemplo. Una de mis clientas es una autoconfesada compradora compulsiva. Le llamó a esa aparte de sí misma Suzy Compra. Hace poco, le pregunté qué estaba haciendo Suzy Compra ahora que no hay dinero para ir a centro comercial. "La está pasando de maravilla hallando todas las maneras posibles de ahorrar dinero", fue su respuesta. ¿Entiendes cómo funciona? ¿Qué puede ser lo bueno del recorte de gastos por el que ahora atraviesas? ¿Cómo puedes replantearlo como algo conveniente? "Vendí nuestro lujoso auto y compré algo más barato", me dijo el otro día una amiga que es dueña de un almacén de zapatos. "Eso es un ahorro de $500 dólares al mes, lo cual implica vender diez pares de zapatos menos y una gran cantidad de paz mental". Entre más te enfoques en el lado positivo, mejor te sentirás y menos te importará lo que los demás piensen de tus decisiones.

A continuación te presento una investigación que inspirará tu replantear. El profesor de psicología Tim Kasser, autor de *The High Price of Materialism*, llevó a cabo un estudio que comparaba a doscientos voluntarios simplificadores (personas que han escogido vivir de manera sencilla) con personas promedio. Encontró que aunque los simplificadores ganaban en promedio $15.000 dólares menos que el otro grupo, eran "significativamente más felices". De hecho, halló que las cosas que creemos querer —dinero, pertenencias, estatus— pueden llevar a insatisfacción e incluso a la depresión. "Las personas que persiguen valores intrínsecos —autoaceptación, hacer del mundo un lugar mejor, ayudar a los osos polares— son más felices", explica. "Si orientas tu vida alrededor del crecimiento personal, la familia y la comunidad, te sentirás mejor". Así que lo más probable es que los cambios que estás haciendo te traigan más felicidad, no menos.

Una vez que hayas replanteado tu recorte por tu propia cuenta, habla con otras personas sobre los cambios que estás haciendo. La vergüenza crece en la oscuridad del silencio. Una vez saques a la luz tus ajustes, lo más probable es que te sientas mejor. Como dice la sabia mujer Maya Angelou, las circunstancias pueden cambiar, pero no tienes que verte reducido por ellas.

"SE HA VUELTO ALGO DIVERTIDO QUE HACEMOS JUNTOS"

"Cuando Chloe era una bebé y luego una niña, yo estaba muy, muy obsesionada con comprarle ropa", explica Jill. "Me encantaba vestirla con ropa glamurosa. Era algo que me gustaba mucho, pues para mí vestirme es una gran expresión creativa. Por supuesto, ese tipo de ropa es un poco costosa. Cuando tuve que empezar a prestarle atención a mi presupuesto, me di cuenta de lo que estaba gastando en vestirla y de inmediato advertí que eso no podía seguir así. De manera que aprendí a moverme con facilidad por eBay. Ahora gasto literalmente una quinta parte de lo que solía gastar en la ropa de Chloe. Me siento empoderada y también me siento muy bien al enseñarle a reciclar cosas que ya no necesitamos. Las dos buscamos algunas cosas en línea, me dice cuáles le gustan y luego me anima: 'Vamos, mami, vamos, ¡gánate ese sombrero!' Se siente tan emocionada cuando nos ganamos una subasta. Se ha vuelto algo divertido que hacemos juntas".

Permite que tus circunstancias te abran la vida

Lo que da luz debe soportar la quema
—Viktor Frankl

Estaba dictando un taller en Oman sobre resolución de conflictos. Mi anfitrión me informó que el director ejecutivo de una de las compañías más grandes del mundo iba a asistir y había pedido almorzar conmigo después. Agradecida, dije que sí. Así fue como conocí a Mohammed, uno de los directores ejecutivos más calurosos que jamás he conocido. Estaba ahí porque le importaba mucho el desarrollo de sus empleados y quería aprender sobre el trabajo de PTP.

Durante el almuerzo, me contó su historia. Había extendido el negocio de su familia a través del Medio Oriente. Él y su familia habían nacido y crecido en Kuwait. En 1990, cuando Irak invadió Kuwait, debió huir con su familia hacia Arabia Saudita en su auto, dejándolo todo atrás. Su negocio y su hogar fueron destruidos. "Cuando cruzamos la frontera", me dijo con tristeza en su ojos, "había personas al lado de la carretera vendiendo botellas de agua. Me di cuenta que había sido rico, pero ahora necesitaba de esa agua tanto como cualquier otro refugiado en la carretera".

Mohammed vino a Oman y reconstruyó su vida. Sin embargo, me di cuenta de que no olvidó ese día en que pasó necesidades. Dejó que esa experiencia le abriera el corazón y le hiciera crecer su compasión. Sabía lo que era la necesidad y utilizó esa consciencia para ser amable con quien trataba en los negocios, ya fuera un empleado, un cliente o un vendedor. "Nunca imaginé convertirme en un director ejecutivo", me dijo con modestia; a mí no me sorprendió que lo hubiera conseguido.

El cambio inesperado es un gran nivelador, como lo descubrió Mohammed. De repente, nos damos cuenta de que somos parte de una gran comunidad humana luchando por sobrevivir. Luego nos enfrentamos con una decisión. Podemos pensar que cada persona se ocupa de lo suyo y tomar cualquier golosina disponible. O podemos aprovechar esa consciencia de que todos estamos en esto juntos abrir nuestros corazones y ofrecer toda la ayuda y amabilidad posible. En el budismo, hay una práctica que te ayuda a tomar aquello con lo que estás lidiando y a emplearlo para hacer crecer tu compasión. Así es como lo haces: piensa en las cosas con las que estás luchando y reconoce que miles de personas están pasando por lo mismo. "Mientras yo estoy teniendo problemas adaptándome, también los están teniendo otras personas en todo el mundo; tal como yo estoy asustado, otras personas también lo están, de la misma manera en que quiero seguridad, otras personas también lo quieren". Las frases que vengan a tu mente son las correctas. Te sentirás menos solo y ojalá más conectado con el resto de la comunidad humana.

Estoy escribiendo esto en el día de Acción de Gracias, donde las noticias dicen que las donaciones a bancas de alimentos han bajado pero, en cambio, el número de voluntarios ha incrementado. Quizá todos lo estamos entendiendo. Quizá uno de los efectos de esta monstruosa ola de cambio con la que todos estamos intentando lidiar es que nos vamos ayudar el uno al otro, no a atacarnos. De verdad, eso espero.

PASO 4: FORTALECE LA ADAPTABILIDAD

*Vivimos en un momento de la historia donde el cambio
es tan acelerado, que empezamos a ver el presente solo
cuando ya está desapareciendo*
—R.D. Laing

¡Felicitaciones! Si has llegado hasta aquí, has hecho un gran trabajo aceptando la realidad de tu situación, expandiendo tu pensamiento sobre las posibilidades y emprendiendo acciones apropiadas y oportunas. El beneficio de pasar por este ciclo de manera consciente es que, habiendo pasado por él una vez, te has ganado tu cinturón de maestro del cambio. Estarás mejor preparado para la próxima vez que la vida te llame a adaptarte. Y lo hará, de eso no tengas duda. Este es un viaje continuo en el cual nos acoplamos a estos tiempos de rápido cambio en el que vivimos. Por eso es tan importante que te detengas y observes lo que has hecho. El aprendizaje se fortalece cuando nos tomamos el tiempo de reflexionar sobre lo que hemos aprendido, pues no te gustaría desperdiciar ninguna de las lecciones aprendidas con tanto esfuerzo, ¿no es así? Sin embargo, esta etapa final es más que un lugar de descanso. Hay cosas que puedes hacer para mantener en forma la sabiduría de la AdaptAbilidad, para que así, cuando la próxima ola golpee, se sienta más como un chapuzón en una plácida piscina.

Conviértete en un aprendiz de por vida

Ahora aceptamos el hecho de que el aprendizaje es un
proceso de mantenerse al tanto del cambio toda la vida
La tarea más urgente es enseñarle
a la gente cómo aprender
—Peter Drucker

Desde que tiene 45 años, mi madre me ha estado diciendo que ya está muy vieja para cambiar; ahora, tiene 85. De alguna manera, ella ha tenido el privilegio de conservar esa posición, pues no ha tenido que mantenerse. Aquellos de nosotros que tenemos que salir a buscarnos la vida sabemos lo mucho que está cambiando el mundo y cómo debemos cambiar para estar al día, sin importar nuestra edad. Hace poco leí que el estadounidense promedio habrá tenido nueve empleos a la edad de 32 años. ¿Cuántos, entonces, a la edad de 62?

En su libro *Innovation and Entrepeneurship*, el consultor administrativo Peter F. Drucker afirma que nos estamos moviendo hacia una sociedad empresarial donde la gente tiene que seguir aprendiendo cosas nuevas durante toda su vida y debe "asumir la responsabilidad de su aprendizaje, su propio desarrollo personal y sus propias carreras".

¿Qué tipo de talentos y educación necesitaremos tú y yo? Como no sabemos lo que va a pasar el día de mañana, ¿cómo es posible que nos podamos preparar para lo que va a pasar dentro de dos décadas? ¿O dentro de cuatro? No podemos. Por eso, uno de los componentes clave de ser un maestro del cambio es convertirse en un aprendiz de por vida, lo cual nos dará un mayor capacidad de enfrentar lo que sea que se atraviese en nuestro camino. De acuerdo con la profesora de psicología de la Universidad de Stanford Carole Dweck, estas son tres actitudes clave:

- Creer en tu capacidad de aprendizaje
- Confiar en que tus esfuerzos por aprender darán resultado
- Tener la voluntad de persistir
- Considerar los errores y la retroalimentación como oportunidades de aprendizaje
- Encontrar la inspiración en el éxito de otros

Algunos de estos me parecen más fáciles que otros. No tengo ningún problema con los primeros tres ni con el último. Todavía sigo trabajando en considerar los errores como oportunidades de aprendizaje. Sigue habiendo una voz perfeccionista en mi interior que entra en pánico cuando me doy cuenta de que he cometido un error, aunque ahora la voz es mucho más suave de lo que solía ser. Y aún tengo problemas buscando retroalimentación, pues temo que sea negativa. ¡Sigo trabajando en eso! Me he vuelto mucho mejor experimentando el malestar y pidiendo pistas de todos modos.

Mirando la lista, ¿cómo te va convirtiéndote en un aprendiz de por vida? ¿Cuáles de estos te resultan fáciles? ¿Cuáles difíciles? Trata de notarlo sin apalearte. Eso solo interfiere con la actitud de aprendizaje, pues refuerza la creencia de que ya deberías saberlo todo. La capacidad de aprender es verdaderamente nuestro mejor talento en lo desconocido, ya que no importa lo que el futuro nos guarde, tenemos la llave de la adaptación exitosa. Ahora mismo no podemos saber todo lo que vamos a necesitar saber, pues aún no conocemos qué es todo eso. Con todo, podemos confiar en que seremos capaces de aprenderlo cuando sea necesario.

SIGUE HACIENDO COSAS NUEVAS

Desafíate a ti mismo en tiempos de menos estrés a seguir aprendiendo, haciendo cosas nuevas. No tiene que ser algo inmenso. Lee distintos tipos de libros, ve distintos tipos de películas, habla con nuevas personas, exponte a nuevas experiencias, aprende nuevas habilidades. Pon en acción cambios de tu escogencia. Entre más cómodo te sientas con el cambio, más ágil te volverás.

Reflexiona sobre tus propios aprendizajes

Ningún fuego en la pradera puede quemar la hierba; cuando soplen brisas de primavera, volverá a brotar
—Antiguo poema chino citado en A Free Life de Ha Jin

Casi un año después de mi doloroso divorcio, estaba sentada en una ladera de Oakland donde miles de casas y árboles se habían quemado casi al mismo tiempo en que mi matrimonio se había terminado. Mientras examinaba la devastación, me di cuenta de que sentía que mi vida había sido arrasada como esa ladera. Podía ver diminutos brotes de verde que salían de la tierra negra y sabía que yo también tenía diminutos brotes de vida naciendo en mí.

El cambio puede dejarnos noqueados, pero siempre nos da la oportunidad de crecer, incluso si es difícil verlo mientras pasamos por él. Por eso es tan importante dar un paso atrás después de el hecho y ver cómo nos hemos desarrollado a partir de lo que hemos vivido. De esa manera, nuestros recién adquiridos recursos estarán más disponibles en el futuro. Cuando pienso en maestros del cambio que conozco, una de las primeras personas que se me viene a la mente es Mary Beth Sammons, autora de siete libros, incluyendo *We Carry Each Other: Getting Through Life's Toughest Times*. La he conocido durante ocho años. Durante ese tiempo, su padre murió luego de una larga enfermedad y ella fue su cuidadora principal; su hijo tuvo un accidente casi mortal y, luego, una enfermedad muy seria; pasó por un divorcio difícil; su vecina y mejor amiga murió; y varios amigos cercanos también. Y, claro, fue despedida; cinco veces.

"Ha sido interesante", me dijo cuando llamé a preguntarle lo que había aprendido a través de todo este cambio. "He alternado entre hacer mercadeo *freelance*, relaciones públicas y escribir, y hacer todas esas cosas con organizaciones". Cada vez que intento trabajar desde mi casa en busca de más seguridad, el nivel en el que estoy se va al suelo. ¿Qué he aprendido? Primero que todo, a no tomármelo realmente personal y a moverme rápido. Uno de mis trabajos se acabó el día de mi cumpleaños, justo cuando estaba celebrando mi nueva estabilidad. Eso me aniquiló durante semanas. Ahora solo me levanto al día siguiente y pienso: 'Bueno, eso ya pasó, ¿cuál es la siguiente oportunidad?'.

En lugar de buscar algo similar, me he vuelto buena tomando las experiencias que he tenido y creando algo nuevo de cada una. Recientemente, he recibido una gran cantidad de tareas sobre reinventar la vida y ser parte de la generación del sándwich, sobre cómo proveer cuidados y a la vez conservar tu carrera; cosas que me vi obligada a aprender debido a la situación en la que estaba. Cuando detecto una necesidad, aplico a esta mi experticia.

He dejado de prestarle atención a lo que todos dicen que debo hacer. Ahora tengo un espíritu más emprendedor del que solía tener. Solía ir a las organizaciones y decir: 'Esto es lo que deberían estar haciendo. Lo crearé por ustedes.' Ahora pienso: 'Lo crearé por mi cuenta y se lo venderé a ellos'.

He aprendido a honrar mi duelo a medida que cada cambio llega y golpea: la tristeza, la ira, el miedo. Y creo que todo el mundo necesita un tipo de práctica espiritual para sostenerlos. Mi fe en realidad me ha ayudado a seguir adelante.

Finalmente, he aprendido a hacer algo que me da vida sin importar lo que esté pasando. Alguna vez en que uno de mis trabajos se acabó y me estaba sintiendo muy mal conmigo misma, decidí que iba a entrenar y competir en una triatlón. ¡Y lo hice! Siempre había sido una perezosa sedentaria, de manera que fue algo muy significativo haber hecho esto que nunca pensé que podría haber hecho en mi vida. Me dio confianza pensar que también en el trabajo podría arriesgarme a hacer algo nuevo y triunfar".

¿Puedes ver algunos temas en la historia de Mary Beth que también se trabajan en este libro? Eso es porque sus acciones son las de una persona que es buena en AdaptAbilidad. Como muchos de nosotros, Mary Beth aprendió estas lecciones en el camino, mientras encaraba cada ola y se adaptaba de la mejor manera en que podía. A menudo, traía consigo una gran cantidad de dolor y lucha. Espero que como resultado de haber leído tanto su historia como este libro, ahora tú también puedas adaptarte con mayor facilidad.

Igual que Mary Beth, tú has pasado por cambios y has logrado llegar hasta este punto. Ahora quisiera que te tomaras un tiempo para reflexionar lo aprendido sobre la habilidad del cambio, que quizá lleves un diario o tomes algunas notas, pues, aunque juremos que nunca vamos a olvidar las lecciones de esta experiencia, lo hacemos. Tener un registro escrito te asegura que no perderás la sabiduría que has adquirido. Mantenlo a la mano, para que puedas acceder a él cuando lo necesites. A continuación, encontrarás algunas preguntas de reflexión para que empieces. En el cambio:

- ¿Qué funcionó y por qué?
- ¿Qué no funcionó y por qué? (El por qué es importante, pues puede tener que ver con las circunstancias en lugar de con la idea en sí misma. Puede ser una gran estrategia en otro momento)

- ¿Qué mejorarías de tu parte la próxima vez que te enfrentes al cambio?

- ¿Qué recursos internos utilizaste del pasado? ¿Cuáles recursos novedosos cultivaste?

- ¿Qué herramientas y técnicas te ayudaron a mantenerte positivo y conservado?

- ¿Quiénes fueron tus mejores aliados?

- ¿Qué cualidades de corazón, mente y espíritu tienes ahora que antes no tenías o que has fortalecido en ti mismo? ¿De qué manera se las puedes ofrecer a los demás?

- ¿Qué puedes hacer de manera continua para mantenerte en contacto con tus elementos VIVE y conservarlos como una base sólida?

Cuando buscas los brotes de verde en la ladera negra, te das cuenta de cuánto has crecido. Has cultivado habilidades y talentos que antes no tenías, al igual que hermosas cualidades en tu alma como mayor paciencia, gratitud y aceptación. Lo más probable es que en ti hayan crecido nuevos caminos y nuevas células en tu cerebro, y así has fortalecido la capacidad de tu mente para lidiar con la adversidad. Eres más fuerte y más sabio, y tienes una mayor confianza en tu capacidad de enfrentar lo que sea que se interponga en tu camino.

Eso es lo impresionante de los cambios que nunca esperamos. Hacemos todo lo posible por evadirlos, pero, cuando nos vemos forzados a adaptarnos, hallamos nuestras más grandes oportunidades de crecimiento y desarrollo. Como dice un dicho de los nativos americanos: "El alma no tendría arcoíris si los ojos no tuviesen lágrimas".

Tropezando por entre las rocas del cambio, logramos pulirnos hasta nuestra mejor brillantez. El viaje no está completo ni nuestros esfuerzos totalmente redimidos hasta que no ofrezcamos esa brillantez de vuelta. El mundo necesita lo que solo tú puedes ofrecerle con base en todo lo que eres y todo lo que has aprendido en este viaje de cambio. Me pregunto, ¿cómo y cuándo brillarás?

IV

VEINTE CONSEJOS RÁPIDOS PARA SOBREVIVIR AL CAMBIO QUE NUNCA ESPERASTE

1. Enfócate en la solución, no en el problema. Como la sociedad premia el pensamiento analítico, creemos que identificar la causa de nuestros problemas es la respuesta: ¿Por qué está pasando esto? Ese es un punto de partida, pero no gastes mucho tiempo ahí. ¿Qué vas a hacer al respecto de la situación en la que te encuentras?

2. Ya que sentirse en control es tan crucial para la resiliencia y el cambio inesperado nos puede hacer sentir muy fuera de control, intenta hacerte esta pregunta durante el día: ¿Qué cosas soy libre de escoger ahora?

3. ¿Qué pasa si crees que no tienes la confianza o el talento de hallar una solución? Haz de cuenta que sí. Resulta que eso de "aparentarlo hasta tenerlo" tiene validez en la ciencia cerebral: los pensamientos que tienes y las acciones que emprendes en realidad crean nuevos caminos en tu cerebro. "Como actuamos, nos volvemos", dice Sharon Begley en Entrena tu mente, cambia tu cerebro.

4. Encuentra cosas de las cuales reírte. Las personas que prosperan en el cambio trabajan su humor. La psicóloga Mihaly Csiksentmihalyi dice: "La felicidad de los que triunfan no solo depende de factores externos o circunstancias de vida. Deriva del estado de consciencia que han escogido y de su habilidad de levantar su ánimo cuando las cosas no andan bien". Se ha demostrado que la risa alivia el estrés, reduce la presión sanguínea y mejora la respiración al igual que el genio. Lo mejor de todo es cuando podemos reírnos de nosotros mismos por no ser perfectos o por estrellarnos con un obstáculo que se interpuso en el camino que queremos seguir. Nos ayuda a permanecer alegres y recursivos.

5. Celebra el éxito que llegue en el camino, no importa lo pequeño que sea: una nueva colección, un posible liderazgo, un pequeño ahorro. Date crédito por avanzar en una situación difícil. Al final del día, revisa lo que hiciste y celebra cualquier logro que hayas hecho. La celebración crea energía positiva y empuje.

6. Al considerar opciones, antes de decir que algo no va a funcionar, considera cómo sí puede hacerlo. Inténtalo por un corto tiempo.

7. Concéntrate en un futuro positivo. Ricki Lake lo puso de esta manera: "Cuando pasé por desafíos en mi vida... me dije: 'Concéntrate en dónde vas a estar dentro de un año'. Sirve saber que, en un tiempo, los momentos difíciles serán agua bajo el puente". Yo modificaría eso a: 'Concéntrate en donde quieres estar dentro de un año (de lo contrario, te puedes asustar con todo tipo de futuros terribles)'. Luego pregúntate qué acciones debes emprender para hacer que ese futuro posible se dé.

9. Respira lento y profundo. La respiración corta es una señal de que estás en modo pelear o huir y así no estás en contacto con todos tus recursos para manejar el cambio. Unas pocas respiraciones conscientes lentas y profundas, en especial si también relajas tus músculos cuanto sea posible, le dicen a la parte de tu cerebro responsable de este modo que no estás en peligro y, por lo tanto, te calman. Entonces, te es posible pensar de forma más clara, más amplia, más profunda. Para probar si estás respirando profundo, pon una mano en tu pecho y la otra en tu barriga. Inhala y exhala. ¿Se mueven las dos manos? Si solo lo hace la de arriba, intenta que la de abajo también lo haga.

9. Dirige tus quejas hacia arriba. Algunas veces todo lo que podemos hacer al vérnoslas con el cambio es gritarle a los cielos: "¡Ayúdame!". De eso se trata Alcohólicos Anónimos: dirigir tu problema a un Ser Superior, quienquiera creas que sea, para no estar tan solo en tu dificultad. Carol Orsborn escribe en su libro *The Art of Resilience*: "No tienes que creer en esto para que sea efectivo". Inténtalo.

10. Sal y ayuda a alguien más. Como lo pone Studs Terkel en una de sus últimas entrevistas: "Una vez te vuelves activo ayudando a los demás, te sientes vivo. No sientes que 'es tu culpa'. Te vuelves una persona diferente. Y los demás también son cambiados. Cuando nos enfocamos en los problemas de alguien más, ponemos los nuestros en perspectiva. Además, nos tomamos un descanso de preocuparnos por los nuestros, que siempre es algo bueno. Una amiga que estaba en una zona de incendio de California me escribió un correo electrónico en un tiempo en que no estaba segura si perdería su casa, diciendo: "Si nos enfocamos en ayudar a otros, el pánico disminuye". ¡Absolutamente de acuerdo!

11. Ayuda a alguien en tu misma situación y pon atención a lo que le sugieres que haga. Uno de tus mejores recursos son los consejos que les das a otros. Asegúrate de seguir tus propias sugerencias.

12. Con el perdón de aquellos de nosotros que le huimos, treinta minutos de actividad aeróbica diaria sigue siendo la mejor manera, de acuerdo con los expertos, de contraatacar el estrés del cambio.

13. Anímate a través del camino como lo harías con un niño que corre una carrera: "¡Puedes hacerlo! ¡Lo estás haciendo bien!". Se ha hallado que este hablar positivo a sí mismo incrementa lo que los psicólogos llaman agencia: la creencia en que puedes llegar a donde quieres.

14. Si te encuentras preocupado todo el tiempo, separa un tiempo de quince minutos para hacerlo, digamos a las 5:00 p.m. de cada día. Cuando tu mente se empiece a preocupar en otros momentos, recuérdate a ti mismo que no es la hora de preocuparse y distráete; lee un libro, haz un crucigrama, algo que mantenga tu mente ocupada.

15. Si te encuentras haciendo cosas que preferirías no hacer, asegúrate de también hacer con frecuencia cosas que amas: mi amiga Annete está haciendo su árbol familiar, pues ama la genealogía. Andy toca el piano. Yo leo novelas. Los intereses apasionantes le dan sabor a la vida durante el cambio y no tienen que ser costosos.

16. Asegúrate de agradecerle a aquellos que te ayudan en el camino. La gratitud es buena para tu mente, cuerpo y espíritu, e incrementa la posibilidad de que sigas recibiendo asistencia.

17. ¿Qué es lo que en realidad importa de esto? Esa es una pregunta que te ayudará a mantener el cambio en proporción. A una mujer que perdió su casa, su capellán le dijo que lo que necesitaba era un hogar, no una casa. Eso le ayudó a arrendar un lugar donde obtuvo más paz y perspectiva .

18. Júntate con personas felices. Un largo estudio de veinte años por parte del sociólogo médico de la Universidad de Harvard Nicholas Christakis comprueba que la felicidad es contagiosa, esparciéndose desde una persona a sus miembros familiares, vecinos y amigos. Una persona feliz puede incrementar entre un 8 y 36% la felicidad de los demás con los que él o ella esté en contacto, y el efecto puede durar hasta un año. Súbete al buen ánimo de los demás. Te dará la energía para seguir adelante.

19. A los cuákeros se les enseña a buscar "camino abierto" para saber si deben perseguir algo y "camino cerrado" para rendirse. Eso quiere decir que buscan una puerta abierta que les indique hacia dónde ir y, si encuentran muchos obstáculos, concluyen que ese no era su destino. Esa es una buena estrategia para todos los que estamos lidiando con el cambio. Sí, debes enfocarte en lo que quieres, pero si todos los caminos hacia una meta están bloqueados, quizá ese sea un mensaje para rendirte y perseguir algo enteramente distinto. Como dice Anthony D'Angelo: "Nunca dejes que tu persistencia y tu pasión se vuelvan terquedad e ignorancia".

20. Enfócate en las cualidades que tienes para hacer este cambio. Hace poco recibí el boletín de noticias de la ciudad y en él una administradora llamada Audrey Lee escribió: "El año que viene puede ser pobre en recursos fiscales, pero sé que somos ricos en energía, talento, compromiso e ímpetu". De manera inmediata, supe que la ciudad estaba en buenas manos. Entre más le prestemos atención a los recursos que tenemos para hacer frente, mejor lo haremos, en particular, cuando nos preguntamos cómo podemos emplear nuestra energía, talento, compromiso e ímpetu para triunfar.

SOBRE LA AUTORA

M.J. Ryan es una de las creadoras del libro Random Acts of Kindness, bestseller del New York Times, y autora de los libros The power of patience, The Happiness Makeover y Attitudes of Gratitude, entre otros. Se han impreso más de 1,75 millones de copias de sus libros. Como editora, colabora en Health.com y Good Housekeeping, y ha sido invitada en The Today Show, CNN y cientos de programas de radio. Visítala en www.mjryan.com.